Dr.Christian Rauda
Dr. Jochen Zenthöfer

25 Fälle

BGB

Allgemeiner Teil

Wir sind die Fallfabrik!

In diesen 25 Fällen finden Sie die typischen Klausurprobleme. **Die Lösungen sind im Gutachtenstil gehalten, also genau so, wie man es in einer Klausur machen muss.**

Auf unserer Homepage **www.rauda-zenthoefer.de** finden Sie unseren **kostenfreien Klausurenkurs**. Nach Anmeldung erhalten Sie per Email regelmäßig Klausuren aus den Rechtsgebieten Zivilrecht, Strafrecht, Öffentliches Recht und Europarecht. Weitere Fälle finden sich auch direkt auf unserer Homepage.

Schreiben Sie uns bitte bei Fragen, Anregungen und Kritik:

autoren@rauda-zenthoefer.de

Christian Rauda *Jochen Zenthöfer*

Dr. Jochen Zenthöfer hat an der Universität Potsdam promoviert. Er ist Prokurist eines Medien- und Softwareunternehmens in Freiburg.
Dr. Christian Rauda ist Rechtsanwalt in Hamburg und Lehrbeauftragter der Johannes Gutenberg-Universität Mainz.
Beide Autoren haben ihr Studium mit zweistelligen Prädikatsexamen abgeschlossen.

COPYRIGHT: Richter-Verlag
Hans-Peter Richter
Paul-Schroeder-Straße 18
24229 Dänischenhagen
Tel. 04349-1725
Fax 04349-571
e-mail: RICHTER-VERLAG@t-online.de
Website: www.Richter-Verlag@t-online.de

Druck und Verarbeitung: Druckerei Schmidt & Klaunig, Kiel

Weitere Bücher dieser Reihe sind erhältlich über den Buchhandel oder direkt vom Verlag.

3. Auflage 2011

ISBN 978-3-935150-63-7

Inhaltsverzeichnis

Fragen **Seite**

Bestandteile einer Willenserklärung

Tatbestand einer Willenserklärung	
Äußerer Tatbestand **(das objektiv Erklärte)**	**Innerer Tatbestand** **(das subjektiv Gewollte)**
Aus der Perspektive eines objektiven Dritten muss die Willensäußerung auf einen rechtlichen Erfolg gerichtet sein.	Der innere Tatbestand besteht aus Handlungswille, 1 Erklärungsbewusstsein und 2 Geschäftswille 3 def. - **Handlungswille**: Der Erklärende muss bei seiner Willensäußerung das Bewusstsein haben zu handeln. - **Erklärungsbewusstsein**: Der Handelnde muss sich bewusst sein, das er durch sein Verhalten eine rechtsgeschäftliche Erklärung irgend eines Inhaltes abgibt (eine genaue Vorstellung wird nicht vorausgesetzt). - **Geschäftswille**: Der Geschäftswille muss auf einen konkreten rechtsgeschäftlichen Erfolg gerichtet sein.

Abgabe und Zugang von Willenserklärungen

Abgabe

Abgabe nicht empfangsbedürftiger Willenserklärungen:

Erklärung ist abgegeben, wenn Erklärender sich der Erklärung vollständig entäußert bzw. die Erklärung fertig gestellt hat.

Abgabe empfangsbedürftiger Willenserklärungen:

Erklärung ist abgegeben, wenn Erklärender die Erklärung in Richtung auf den Empfänger in Bewegung setzt und mit dem Zugang beim Empfänger rechnen darf.

	mündlich	**schriftlich**
Gegenüber Anwesenden (auch am Telefon, vgl. § 147 I 2)	wenn die Erklärung so geäußert wird, dass Empfänger in der Lage ist, sie zu verstehen.	wenn sie zur Entgegennahme überreicht wird
Gegenüber Abwesenden	wenn Erklärung dem Boten übermittelt wurde	wenn Erklärender das vollendete willentlich Schriftstück so auf den Weg gebracht hat, dass er normalerweise mit dem Zugang beim Empfänger rechnen darf

Zugang

	mündlich	**schriftlich**
Gegenüber Anwesenden (§ 130 I 1 analog) (auch am Telefon, vgl. § 147 I 2)	wenn der Erklärende vernünftigerweise keinen Zweifel haben kann, dass der Empfänger die Erklärung vernommen hat	wenn das Schriftstück dem Empfänger übergeben wird

Gegenüber Abwesenden (§ 130 I 1):

Wenn die Erklärung so in den Machtbereich des Empfängers gelangt ist, dass unter gewöhnlichen Umständen mit einer Kenntnisnahme gerechnet werden kann.

Fall 1

Sachverhalt

essentialia negotii?

Architekturstudentin Christina (C) sucht in der Zeitung eine Wohnung mit zwei Zimmern für bis zu 300 Euro Warmmiete. Aufgrund der Anzeige meldet sich Wohnungseigentümerin Sylvia (S), die C einen vorgedruckten, nicht unterschriebenen, Mietvertrag zusendet. Im Vertrag ist die Wohnung nicht näher beschrieben. Eine Beschreibung sowie der Mietpreis (300 Euro) sind im Begleitbrief enthalten. C ist begeistert und unterschreibt den Vertrag, den sie in der Küche ihrer bisherigen Wohngemeinschaft (WG) liegen lässt. Am nächsten Tag erhält C ein Angebot der Wohnungseigentümerin Janina (J). Dort wird eine gleich gute Wohnung für 200 Euro Warmmiete angeboten. C unterschreibt den beigefügten Vertrag, vergisst aber auch diesen in der WG-Küche. Als C am nächsten Tag am Flughafen auf ihren Flieger nach Sibiu wartet, erinnert sie sich, ruft bei einem WG-Kollegen an und bittet diesen, „den Mietvertrag zur Post zu geben". Der WG-Kollege ist verwirrt von zwei Verträgen, die in der Küche liegen, und sendet beide ab. Sie gehen S und J zu. Wenig später zieht C bei J ein. Kann S, die den ihr zugegangenen Vertrag inzwischen auch unterschrieben und zurückgeschickt hat, von C die Miete für einen Monat in Höhe von 300 Euro verlangen?

Lösung

Anspruch der S gegen C auf Zahlung von 300 Euro Miete aus § 535 II

S könnte gegen C einen Anspruch auf Zahlung aus § 535 II auf 300 Euro Miete für die Wohnung haben.

Dazu müsste ein Mietvertrag geschlossen worden sein. Ein Mietvertrag kommt durch zwei inhaltlich übereinstimmende, mit Bezug aufeinander abgegebene Willenserklärungen zustande, wobei man die zeitlich vorangehende als Angebot bezeichnet, die darauf folgende als Annahme.

1. Ein Angebot könnte in der Zeitungsanzeige durch C liegen. Fraglich ist aber, ob durch die Anzeige ein **Rechtsbindungswille** zum Ausdruck kommt. Wohnungssuchanzeigen sind bloße Aufforderungen zu Offerten und bringen **keinen Willen zu einer rechtlichen Bindung zum Ausdruck**. Wer als Wohnungssuchender eine Anzeige aufgibt, will zunächst einmal Angebote sichten, um sich für das beste zu entscheiden. Die Auslegung als bindendes Angebot würde zu dem Ergebnis führen, dass bei gleichzeitigem Zugang mehrerer Schreiben von potentiellen Vermietern unter Umständen mehrere Mietverträge zustande kämen. Der Suchende würde dann schadensersatzpflichtig. Bei der Anzeige der C handelt es sich somit um eine unverbindliche Aufforderung zur Abgabe eines Angebots (**invitatio ad offerendum**).

2. Ein Angebot könnte in dem Brief der S an C liegen. Problematisch sind hier aber zwei Punkte: Zunächst war das Vertragsformular **nicht ausgefüllt**, schließlich war es von S auch **nicht unterschrieben**.

a) Das vorgedruckte Vertragsformular, welches S an C geschickt hatte, war nicht für eine bestimmte Wohnung ausgefüllt. **Ein Angebot gemäß § 145 ist eine empfangsbedürftige Willenserklärung, durch die ein Vertragsschluss einem anderen so angetragen wird, dass nur von dessen Einverständnis das Zustandekommen des Vertrages abhängt.** Weiterhin muss das Angebot bestimmt sein, das heißt, die essentialia negotii müssen vereinbart sein. Im Vertrag selbst sind die Hauptpunkte (Mietsache und Miete) nicht vereinbart. Zwar werden im Begleitschreiben die Wohnung vorgestellt und die Miete genannt. Dies ist bei der Auslegung des Vertrages zu berücksichtigen. Damit könnte ein Angebot nach § 145 vorliegen.

b) Allerdings war der Vertrag noch nicht von S unterschrieben. S brachte mit der Vorlage des Vertragsformulars zum Ausdruck, dass sie einen schriftlichen Vertrag abschließen wollte. Ein Vertrag ist bei Verwendung eines Formulars erst dann abgeschlossen, **wenn beide Parteien unterzeichnet** haben. Gemäß § 127 II 1 genügt zwar auch ein Schriftwechsel. Allerdings ist dies nur eine Auslegungsregel. Diese Auslegungsregel ist nicht anzuwenden, wenn die Umstände auf einen anderen Willen schließen lassen. Wer, wie hier S, ein Formular vorlegt, will den Vertrag im Zweifel nicht durch Briefwechsel schließen, sondern durch die Urkunde.

Folglich stellt das Schreiben der S an C kein Angebot nach § 145 dar.

3. Ein Angebot könnte aber im Absenden des Briefes der C an S liegen. Problematisch ist, dass nicht C den Brief abgeschickt hat, sondern ein WG-Kollege. Das Angebot ist eine empfangsbedürftige Willenserklärung, die mit der Abgabe existent wird. Abgegeben ist sie, wenn sie in Richtung des Adressaten auf den Weg gebracht wurde. Diese Voraussetzungen sind auch gegeben, wenn eine Hilfsperson angewiesen wird, den Brief zur Post zu bringen. Das Verhalten **der nach einer Weisung handelnden** Hilfsperson wird dem Erklärenden zugerechnet. Ein WG-Kollege hat den Brief zur Post gebracht. Dieses Verhalten ist C zuzurechnen. Damit liegt eine Abgabe des Angebots vor.

4. S hat das Angebot angenommen. Dies ergibt sich konkludent aus ihrer Mietforderung.

Ergebnis: S hat gegen C einen Anspruch auf Zahlung aus § 535 II auf 300 Euro Miete für die Wohnung.

invitatio ad offerendum:
Die Aufforderung zur Abgabe eines Angebots ist im deutschen Zivilrecht eine rechtlich nicht verpflichtende Handlung zum Abschluss eines Vertrags

essentialia negotii:
notwendiger Mindestinhalt, den ein Vertrag eines bestimmten Typus haben muss damit ein Vertrag zustande kommt

Fall 2

Sachverhalt

Fernsehmoderator Harald S. (S) stößt beim Internetsurfen am Morgen auf ein verlockendes Angebot. Der Fernsehhändler Leo K. (K) bietet auf seiner Homepage hochwertige Fernsehgeräte zum Einzelpreis von 250 Euro an. Auf der Homepage finden sich neben dem Preis auch weitere Produktinformationen und der Hinweis, dass das Angebot unverbindlich sei und sich K die Annahme einer Bestellung binnen sieben Tagen vorbehalte. S schlägt sofort zu und bestellt online um 8.00 Uhr zehn Geräte. Etwa eine Stunde später erhält er eine E-Mail des K, der der wesentliche Inhalt der zuvor abgegebenen Bestellung beigefügt ist. Außerdem heißt es: „Vielen Dank für Ihre Bestellung. Wir werden Ihren Auftrag umgehend bearbeiten." Bei dieser E-Mail handelt es sich – was S nicht weiß – um eine automatisch verschickte Nachricht, wie sie jeder Besteller nach Eingang einer Bestellung erhält.
Einen Tag später teilt K dem S wiederum per E-Mail mit: „Vielen Dank für Ihre Bestellung. Leider können wir die Bestellung preislich nicht bestätigen. Bei dem Preis handelt es sich um einen Eingabefehler. Der richtige Preis beträgt 2.500 Euro. Wir bitten um Ihr Verständnis und würden uns freuen, wieder von Ihnen zu hören."
Welche Ansprüche hat S gegen K?

Lösung

A. Anspruch auf Übergabe und Übereignung der Fernsehgeräte gemäß § 433 I 1 Zug um Zug gegen Kaufpreiszahlung

S könnte gegen K einen Anspruch auf Übergabe und Übereignung der zehn Fernsehgeräte Zug um Zug gegen Kaufpreiszahlung i. H. v. insgesamt 2.500 Euro gemäß § 433 I 1 haben.

I. Wirksamer Kaufvertrag

Dann muss zwischen S und K ein Kaufvertrag zustande gekommen sein. Ein Kaufvertrag kommt durch zwei korrespondierende Willenserklärungen, Angebot und Annahme, zustande. Diese Willenserklärungen können auch „per Mausklick" abgegeben werden.

1. Das Zustandekommen von Verträgen, die über das Internet geschlossen werden, richtet sich nicht nach den Vorschriften über Fernabsatzverträge (§§ 312b ff.), denn diese regeln nicht den Vertragsschluss als solchen.

Abzustellen ist vielmehr **auf die allgemeinen Regelungen** über den Vertragsschluss (§§ 145 ff.).

a) Fraglich ist, wer ein **Angebot** abgegeben hat. Ein solches könnte zunächst in der Präsentation des Artikels auf der Homepage des K zu sehen sein, die alle wesentlichen Punkte des Kaufvertrages (**essentialia negotii**) beinhaltete. Möglicherweise stellt diese aber auch nur eine invitatio ad offerendum ohne Rechtsbindungswillen dar. Wann bei einer Präsentation im Internet ein bindendes Angebot und wann eine invitatio ad offerendum vorliegt, ist umstritten.

aa) Nach einer Auffassung (AG Butzbach, NJW-RR 2003, 54) besteht bei Anpreisungen im Internet kein wesentlicher Unterschied zu einer Schaufensterauslage oder zu einer Zeitungsannonce, weshalb bei Anpreisungen im Internet **stets von einer invitatio auszugehen** sei. Daher läge nach dieser Auffassung hier eine invitatio und kein Angebot vor.

bb) Nach anderer Ansicht (ständige BGH-Rechtsprechung seit BGH NJW 2002, S. 363, 364) ist auf den **Einzelfall** abzustellen und die **Abgrenzung durch Auslegung der Warenpräsentation** vorzunehmen. Ein Angebot liege vor, wenn der Händler den Glauben an ein verbindliches Angebot unterstütze, wenn z. B. am Ende des Bestellvorgangs alle wesentlichen Punkte des Kaufvertrages angezeigt würden. Dies wird damit begründet, dass der Anbieter eine solche Zusammenfassung nur vornimmt, wenn er sicherstellen kann, dass die bestellten Artikel auch in ausreichender Zahl auf Lager sind. Anders als bei Schaufensterauslagen etc. werde dem Internetkäufer nämlich vielfach ein direkter Zugriff auf das Warenlager suggeriert. Außerdem könne tatsächlich **online eine Überprüfung des aktuellen Warenbestandes** stattfinden.

Kein Angebot liege aber vor, wenn der Verkäufer ausdrücklich darauf hinweise, dass die Präsentation auf der Homepage nur ein unverbindliches „Angebot“ darstelle. Einen solchen Hinweis hatte K auf seiner Homepage gegeben. Somit liegt auch nach dieser Ansicht kein Angebot vor.

cc) Da beide Meinungen zum gleichen Ergebnis kommen, erübrigt sich eine Entscheidung des Streites. In der Präsentation liegt demnach kein Angebot, sondern **lediglich eine invitatio ad offerendum**.

b) Ein Angebot liegt aber in der Bestellung des S.

c) Fraglich ist, ob K dieses Angebot **angenommen** hat. Eine Annahme könnte zunächst in der ersten E-Mail des K zu sehen sein. Eine Annahmeerklärung muss die vorbehaltlose Zustimmung des Annehmenden zum Antrag erkennen lassen.

aa) Da die Annahme eine Willenserklärung ist, müssen deren drei Bestandteile – **Handlungswille, Erklärungsbewusstsein und Geschäftswille** – vorliegen.

(1) Der **Handlungswille** liegt unzweifelhaft vor. Auch wenn es sich um eine automatisch generierte E-Mail handelt, so wollte K doch, dass jeder Besteller eine Mitteilung erhält. Außerdem handelt K mit Erklärungsbewusstsein: Er will ja zum Ausdruck bringen, dass die Bestellung des S angekommen ist.

(2) Anders sieht es aber beim **Geschäftswillen** aus. Dieser muss dahin gehen, mit der Erklärung eine ganz konkrete Rechtsfolge herbeizuführen. K wollte aber nicht, dass die Erklärung zu einer vertraglichen Bindung führt, sie sollte – nach seinem Willen – nur der Eingangsbestätigung dienen. Allerdings ist nicht das vom Erklärenden Gewollte Ausschlag gebend. Nach §§ 133, 157 kommt es vielmehr darauf an, wie S die Mitteilung des K nach Treu und Glauben unter Berücksichtigung der Verkehrssitte verstehen durfte (Erklärungstheorie).

bb) Die von K abgegebene Erklärung ist nicht eindeutig. Denn dass K die Bestellung „**umgehend bearbeiten**" wird, lässt sich so verstehen, dass sie in die konkrete Auftragsabwicklung eintritt, also lediglich den Eingang der Bestellung des S bestätigt. Der Wortlaut kann aber auch so verstanden werden, dass K das Angebot des S annimmt.

(1) Gemäß § 312 e I 1 Nr. 3 ist der Unternehmer verpflichtet, dem Kunden den Zugang einer Bestellung unverzüglich zu bestätigen. Aus dieser Vorschrift kann aber nicht im Umkehrschluss gefolgert werden, dass jede derartige Mitteilung nur eine Bestätigung, nicht aber **darüber hinausgehend im Einzelfall auch eine Annahmeerklärung beinhalten könnte**.

(2) Gegen die Auslegung der Bestätigung als Annahmeerklärung könnte sprechen, dass S nicht damit rechnen durfte, dass K innerhalb einer Stunde seinen Warenbestand prüfen konnte. Außerdem ist es bei **online-Bestellungen üblich**, dass zunächst eine bloße automatisch generierte E-Mail (Autoreply) vom Verkäufer zur bloßen Empfangsbestätigung versendet wird.

(3) Andererseits ist es durchaus möglich, dass eine solche Überprüfung auch in einer knappen Stunde – zumal zu einer durchaus üblichen Geschäftszeit – stattfinden kann. Es ist nämlich nicht ausgeschlossen, dass sich ein Unternehmer, der seine Waren über das Internet anbietet, auch ansonsten moderner Technologien bedient. Die Erklärung des K war **daher für S nicht eindeutig**. Auch kann eine Annahme durch eine automatisierte Erklärung erfolgen, wie dies z. B. auch bei Parkscheinautomaten üblich ist.
Zudem gehen **Zweifel** bei der Auslegung einer automatisierten Willenserklärung **zu Lasten des Erklärenden**. Er ist dafür verantwortlich, dass er seine Erklärung sorgfältig vorformuliert. Daher ist im Ergebnis in der Bestätigung eine Annahmeerklärung zu sehen.

2. Somit liegen zwei korrespondierende Willenserklärungen vor. Ein Kaufvertrag über die zehn Fernsehgeräte ist somit zustande gekommen.

II. Anfechtung
K könnte aber den Kaufvertrag durch Anfechtung gemäß § 142 I rückwirkend beseitigt haben.

1. Erforderlich ist dazu zunächst eine **Anfechtungserklärung** (vgl. § 143 I). K hat in der E-Mail vom nächsten Tag deutlich gemacht, dass er am Kaufvertrag nicht festhalten möchte. Das genügt für eine Anfechtungserklärung; das Wort „Anfechtung“ muss **nicht ausdrücklich fallen**. Er hat die Anfechtung auch gegenüber dem Vertragspartner und damit gegenüber dem richtigen Anfechtungsgegner (vgl. § 143 II) erklärt.

2. Es muss auch ein **Anfechtungsgrund** vorliegen.

a) K beruft sich auf einen Eingabefehler. Dieser könnte einen **Erklärungsirrtum** gemäß § 119 I 2. Var. darstellen. Ein solcher liegt vor, wenn der äußere Erklärungstatbestand nicht dem Willen des Erklärenden entspricht. K wollte keine Erklärung über einen Kaufvertrag zu einem Preis von je 250 Euro abgegeben. Es liegt ein dem Verschreiben vergleichbarer Fall und damit ein Erklärungsirrtum vor.

b) Zudem liegt auch ein **Inhaltsirrtum** gemäß § 119 I 1. Var. vor, da K mit der Empfangsbestätigung nicht auch die Annahme erklären wollte und somit über die Tragweite seiner Erklärung irrte.

3. Die Anfechtung des K müsste nach § 121 **unverzüglich**, also ohne schuldhaftes Zögern erfolgt sein. K hat angefochten, direkt nachdem er seinen Irrtum erkannte. Dies ist als unverzüglich i. S. d. § 121 anzusehen.

Folglich hat den Kaufvertrag wirksam rückwirkend angefochten, ein Anspruch auf Übergabe und Übereignung gemäß § 433 I 1 besteht daher nicht.

B. Anspruch auf Schadensersatz gemäß § 122

G könnte gegen K aber einen Anspruch auf Ersatz eines etwaig entstandenen Vertrauensschadens (Porto-, Fahrkosten etc.) haben. Dieser wäre jedoch gemäß § 122 II ausgeschlossen, wenn K die Anfechtbarkeit kannte oder kennen musste. Hier betrug der tatsächliche Kaufpreis das Zehnfache des auf der Homepage angegebenen. Deshalb muss davon ausgegangen werden, dass S fahrlässig nicht erkannt hat, dass die Angabe auf der Homepage fehlerhaft war. Er musste die Anfechtbarkeit daher kennen. Ein Schadensersatzanspruch besteht nicht.

C. Ergebnis

S hat keine Ansprüche gegen K.

Fall 3

Sachverhalt

K sammelt DVDs mit Vorführungen von Zauberkünstlern. In einer Fachzeitschrift für angewandte Tricktechnik und Wahrnehmungstäuschung liest er eine Anzeige, in der Filmmaterial des amerikanischen Close-up-Zauberers *David Williamsson* auf einer DVD angeboten wird. K ruft den Verkäufer V an, der den Kaufpreis von 100 Euro verlangt. V und K einigen sich schließlich auf 80 Euro, K bittet allerdings noch um einen Tag Bedenkzeit. V erklärt, er fühle sich an sein Angebot bis 10.00 Uhr des darauf folgenden Tages gebunden. K könne ihm per Email antworten, da er Emails rund um die Uhr abrufe. Um 8.30 Uhr des Folgetages sendet K eine Email an V, in der er erklärt, er nehme das Angebot an. Die Email erreicht den Emailserver des V erst um 11.30 Uhr. Die Nachricht wird von V um 13.00 Uhr abgerufen und gelesen. Aus dem Kopf der Nachricht ist der Schriftzug „Absendezeit 8.30 Uhr" zu entnehmen. V unternimmt nichts. K verlangt die DVD. V ist der Ansicht, die Annahme sei verspätet. Zu recht?

Lösung

Anspruch des K aus § 433 I 1

K könnte einen Anspruch gegen V auf Übergabe und Übereignung der DVD aus § 433 I 1 haben.

1. Dazu müsste zwischen K und V ein wirksamer Kaufvertrag geschlossen worden sein. Ein Kaufvertrag kommt durch zwei aufeinander folgende, inhaltlich übereinstimmende Willenserklärungen, nämlich Angebot und Annahme, zustande.

a) Ein **Angebot** könnte in dem Inserat des V in der Fachzeitschrift liegen. Fraglich ist aber, ob in dem Inserat ein **Rechtsbindungswille** zum Ausdruck kommt. Werbeanzeigen sind bloße Aufforderungen zu Offerten und bringen keinen Willen zu einer rechtlichen Bindung zum Ausdruck. Bei dem Inserat des K handelt es sich somit um eine unverbindliche Aufforderung zur Abgabe eines Angebots (**invitatio ad offerendum**).

b) Ein **Angebot** des V liegt darin, dass er die DVD während der telefonischen Verhandlungen für 100 Euro anbietet. Dieses Angebot wird von K indes nicht angenommen.

c) Ein neues **Angebot** unterbreitet V, indem er die DVD für 80 Euro offeriert. Dieses Angebot könnte K per Email angenommen haben.

aa) Inhaltlich deckt sich die Erklärung des K in seiner Email mit dem Angebot des V. Es liegt daher eine **Annahme** vor.

bb) Fraglich ist allerdings, ob diese Annahme **rechtzeitig** war. Nach § 147 I 1 kann ein gegenüber einem Anwesenden unterbreitetes Angebot nur sofort angenommen werden. Ein telefonischer Antrag steht nach § 147 I 2 dem Antrag unter Anwesenden gleich.

aaa) K hat sich nicht sofort am Telefon für die DVD entschieden. Nach § 147 I 1 konnte er das Angebot später nicht mehr annehmen.

bbb) Etwas anderes könnte sich aus **§ 148** ergeben. Danach kann ein **befristeter Antrag innerhalb der Frist angenommen** werden. V hat sein Angebot bis zum folgenden Tag, 10.00 Uhr befristet. Daher konnte K das Angebot noch bis zu diesem Zeitpunkt annehmen. K hat seine Annahmeerklärung um 8.30 Uhr, also rechtzeitig abgegeben. Die Erklärung müsste auch fristgerecht nach § 130 I 1 zugegangen sein. Eine Willenserklärung ist zugegangen, sobald sie derart in den Machtbereich des Empfängers gelangt ist, dass bei Annahme gewöhnlicher Verhältnisse mit seiner Kenntnisnahme zu rechnen ist.

In den Machtbereich des V ist die Annahmeerklärung erst in dem Zeitpunkt gelangt, in dem sie auf dem Emailserver lag. Dies war um 11.30 Uhr der Fall. Darüber hinaus ist zu fragen, wann davon ausgegangen werden kann, dass V von seinen Emails Kenntnis nimmt. Grundsätzlich kann **nicht davon ausgegangen werden, dass eine Privatperson mehrmals am Tag Emails abruft**. V hatte indes gegenüber K erklärt, er rufe seine Emails „rund um die Uhr" ab. Daher ist davon auszugehen, dass ein Zugang zeitnah zu dem Eintreffen der Email auf dem Emailserver vorliegt. Dies war indes in jedem Fall nach 10.00 Uhr, also zu spät.

cc) Folglich hat K das Angebot des V nicht fristgerecht angenommen.

dd) Etwas Abweichendes könnte sich allerdings aus der Anwendung der Vorschrift des § 149 S. 2 ergeben. Danach gilt die Annahme als nicht verspätet, wenn den Empfänger die Pflicht trifft, **eine verspätete Annahme unverzüglich anzuzeigen**. Eine solche Pflicht entsteht nach § 149 S. 1, wenn eine dem Antragenden verspätet zugegangene Annahmeerklärung dergestalt abgesendet worden ist, dass sie bei regelmäßiger Beförderung rechtzeitig zugegangen wäre und der Antragende dies erkennen musste.

K sandte die Email um 8.30 Uhr ab. Es ist untypisch für eine Email, erst drei Stunden nach dem Abschicken auf dem Emailserver des Empfängers einzutreffen. Bei regelmäßiger Beförderung wäre die Annahmeerklärung des K rechtzeitig zugegangen.

Fraglich ist, ob V erkennen musste, dass die Email bei regelmäßiger Beförderung rechtzeitig eingetroffen wäre. Aus der Email des K war ersichtlich, dass K die Nachricht um 8.30 Uhr abgeschickt hatte. Folglich **musste V erkennen, dass die Email unter normalen Bedingungen rechtzeitig eingetroffen wäre**. Daher traf ihn die Anzeigepflicht des § 149 S. 1. V musste die Verspätung unverzüglich, also ohne schuldhaftes Zögern (vgl. § 121 I), anzeigen. Dies hat er nicht getan. Also wird die Rechtzeitigkeit der Annahmeerklärung nach § 149 S. 2 fingiert.

d) Die Annahme gilt als rechtzeitig. Damit ist ein Vertrag über die DVD zum Preis von 80 Euro zustande gekommen.

2. Ergebnis: K hat einen Anspruch gegen V auf Übereignung und Übergabe der DVD aus § 433 I 1 Zug um Zug gegen Zahlung des Kaufpreises.

Fall 4

Sachverhalt

V plant den Verkauf seines Flügels mittels einer Zeitungsanzeige. K ruft bei V an und bekundet Interesse an dem Musikinstrument, das er für 2000 Euro zu kaufen bereit ist. V ist noch nicht recht zufrieden und äußert gegenüber K, dass er zunächst nach einem Käufer Ausschau halten wolle, der mehr biete, notfalls das Geschäft aber mit ihm abschließen würde. K entgegnet, dass er sich an sein Angebot 14 Tage gebunden fühle. Nachdem V zwei Tage später trotz der Anzeige keinen Käufer für den Flügel gefunden hat, sendet er ein Einschreiben an K, indem er mitteilt, dass er den Flügel für 2000 Euro an K verkaufe. Beim Versuch, die Postsendung zuzustellen, trifft der Postbote K nicht an. Er hinterlässt deshalb in dessen Briefkasten einen Benachrichtigungszettel mit der Information, dass für ihn ein eingeschriebener Brief bei seinem Postamt niedergelegt worden sei. K reut sein Angebot. Da er vermutet, dass das Einschreiben von V stammt, beschließt er, die Sendung nicht abzuholen. Nach zwei Wochen geht das Schreiben mit dem Vermerk „Empfänger benachrichtigt, da nicht abgefordert nach Ablauf der Lagerfrist zurück“ an V zurück. V verlangt nunmehr Zahlung des Kaufpreises Zug um Zug gegen Übergabe des Flügels. Zu Recht?

Lösung

Anspruch V gegen K auf Zahlung des Kaufpreises aus § 433 II

V könnte gegen K einen Anspruch auf Zahlung des Kaufpreises für den Flügel in Höhe von 2000 Euro haben.

1. Dazu müssten V und K einen Kaufvertrag nach § 433 geschlossen haben. Ein Kaufvertrag kommt durch zwei inhaltlich übereinstimmende Willenserklärungen, nämlich Angebot und Annahme, zustande.

a) Ein **Angebot** liegt in der Erklärung des K, er wolle den Flügel für 2000 Euro erwerben.

b) Dieses Angebot müsste V **angenommen** haben. V hat K in dem Einschreiben mitgeteilt, dass er den Flügel für 2000 Euro an K veräußern möchte. Daher hat er das Angebot angenommen.

aa) Fraglich ist, ob die Annahme noch **rechtzeitig** war. Grundsätzlich kann ein mündliches Angebot nach § 147 I 1 nur sofort angenommen werden. Etwas anderes kann sich allerdings ergeben, wenn das Angebot befristet abgegeben worden ist (vgl. § 148). Vorliegend hat K ausdrücklich gesagt, dass er sich 14 Tage an sein Angebot gebunden fühlt. Damit war eine Befristung seines Angebots erfolgt. Also konnte V das Angebot binnen dieser Frist annehmen.

bb) V hat das Schreiben zwar rechtzeitig abgesendet. Es müsste K allerdings auch zugegangen sein (§ 130 I 1). **Eine Willenserklärung ist zugegangen, sobald sie derart in den Machtbereich des Empfängers gelangt ist, dass bei Annahme gewöhnlicher Verhältnisse mit der Kenntnisnahme durch ihn zu rechnen ist.** Man muss überlegen, wann diese Voraussetzungen bei einem Einschreiben erfüllt sind.

aaa) Einige sind der Ansicht, ein eingeschriebener Brief gehe bereits zu, wenn der Benachrichtigungsschein beim Empfänger eingeworfen wird. Nach dieser Auffassung wäre K die Annahmeerklärung des V zugegangen.

bbb) Vertreter einer anderen Meinung argumentieren, der Zugang sei in dem Zeitpunkt erfolgt, in dem **unter normalen Umständen** mit einer Abholung des Einschreibens zu rechnen sei. Man könne davon ausgehen, dass der Empfänger eines Einschreibens dieses binnen weniger Tage beim Postamt abholt. Auch nach dieser Auffassung ist K der Brief zugegangen.

ccc) Schließlich könnte man mit dem Bundesgerichtshof davon ausgehen, dass ein Zugang erst in dem Moment zu bejahen ist, in dem das Schreiben von dem Adressaten **abgeholt** wurde [BGHZ 67, 271]. Danach ist der eingeschriebene Brief nicht zugegangen.

ddd) Da die Auffassungen zu unterschiedlichen Ergebnissen führen, muss der Streit entschieden werden.

Gegen die erste Ansicht spricht, dass zwar der Benachrichtigungszettel in den Machtbereich des Empfängers gelangt ist, nicht aber das Schreiben selbst. Durch den Zugang des Zettels kann der Empfänger **noch nicht von dem Inhalt des postlagernden Schreibens Kenntnis nehmen**. Auch die zweite Meinung verkennt, dass die Erklärung zu dem Zeitpunkt, in dem der Empfänger das Schreiben hätte abholen können, nicht in den Machtbereich des Adressaten gelangt ist. Zu folgen ist daher der Auffassung, dass ein Zugang erst bei Abholung des Schreibens vorliegt. Deshalb ist die Erklärung hier grundsätzlich nicht zugegangen.

eee) Möglicherweise gilt die Erklärung aber **gemäß § 242** als zugegangen, weil K den Zugang verhindert hat. Der Zugang wird dann fingiert, wenn er **arglistig vereitelt** wird.

Wer aufgrund bestehender oder angebahnter vertraglicher Beziehungen mit dem Zugang rechtserheblicher Erklärungen zu rechnen hat, muss geeignete Vorkehrungen treffen, dass ihn derartige Erklärungen auch erreichen. Diesen Grundsatz hat K vorliegend missachtet. Zu prüfen ist, ob dieser Sorgfaltsverstoß so schwer wiegt, dass es gerechtfertigt ist, den Adressaten nach Treu und Glauben so zu behandeln, als habe ihn die infolge seiner Sorgfaltsverletzung nicht zugegangene Willenserklärung doch erreicht.

K hat vermutet, dass es sich bei dem eingeschriebenen Brief um die Annahmeerklärung des V handelte. Darüber hinaus musste er damit rechnen, dass V das befristete Angebot annimmt. **Grundsätzlich muss der Absender aber alles Erforderliche und Zumutbare tun, damit seine Erklärung den Adressaten erreichen kann.** Dazu gehört, dass er nach Kenntnis von dem nicht erfolgten Zugang **unverzüglich einen erneuten Versuch** unternimmt, seine Erklärung derart in den Machtbereich des Empfängers zu bringen, dass diesem ohne weiteres eine Kenntnisnahme ihres Inhalts möglich ist. Hier hat V keinen weiteren Zustellversuch unternommen.

Eines zweiten Zustellversuches bedarf es aber dann nicht, wenn der Empfänger die Mitteilung grundlos verweigert oder arglistig vereitelt. Dies ist hier durch K geschehen.

Damit kann sich K nach dem Grundsatz von Treu und Glauben gemäß § 242 nicht auf eine Verspätung der Annahme berufen. Er muss sich so behandeln lassen, als wäre ihm die Erklärung rechtzeitig zugegangen. Ein Kaufvertrag ist daher zwischen K und V wirksam zustande gekommen.

2. Ergebnis: V hat gegen K einen Anspruch auf Zahlung des Kaufpreises Zug um Zug gegen Übergabe des Flügels.

Fall 5

Sachverhalt

Der Jurastudent Arm möchte mit seiner Freundin Friederike, welche Kunstgeschichte studiert, zusammenziehen. Er beschließt deshalb, den Mietvertrag über seine Wohnung zu kündigen. Arm stellt fest, dass er bis zum 3. Dezember für Ende Februar die Kündigung eingereicht haben muss. Er setzt am Morgen des 3. Dezember die Kündigung auf und wirft sie sogleich in den Briefkasten seines Vermieters Reibach. Beim gemeinsamen Abendbrot verkracht sich Arm jedoch mit Friederike derart, dass die Beziehung in die Brüche geht. An ein Zusammenziehen ist nun nicht mehr zu denken.
Daraufhin fährt Arm schnell zu Reibach in der Hoffnung, die Kündigung widerrufen zu können, bevor dieser seinen Briefkasten entleert hat. Arm steckt einen schriftlichen Widerruf der Kündigung in den Briefkasten. Reibach ist jedoch einen Tag auf Geschäftsreise. Als er am nächsten Tag seine Post öffnet, liest er zunächst erstaunt den Widerruf und dann die Kündigung des Arm.
Ist das Mietverhältnis zum 28. Februar beendet?

Lösung

Das Mietverhältnis ist zum 28. Februar beendet, wenn die Kündigung des Arm wirksam ist.

A. Mietvertrag

Zwischen Arm und Reibach bestand ein Mietvertrag gemäß § 535.

B. Kündigungserklärung

Arm hat seine Absicht, das Mietverhältnis zu beenden, im Kündigungsschreiben erklärt. Als empfangsbedürftige Willenserklärung müsste diese gemäß § 130 I 1 Reibach zugegangen sein.

I. Eine Willenserklärung ist zugegangen, wenn sie so in den Machtbereich des Empfängers gelangt, dass dieser unter normalen Umständen die Möglichkeit hat, vom Erklärungsinhalt Kenntnis zu nehmen.

II. Da das Kündigungsschreiben in den Briefkasten gelangt ist und von Reibach sogar gelesen wurde, wäre gemäß der Grundregel des § 130 I 1 ein **Zugang** erfolgt. Allerdings wäre die Erklärung nicht wirksam geworden, wenn Reibach vor oder gleichzeitig mit Zugang der Kündigung ein Widerruf zugegangen wäre (§ 130 I 2).

1. Hier hat Arm einen Widerruf abgegeben, der von Reibach sogar noch vor der Kündigung zur Kenntnis genommen wurde.

2. Allerdings kommt es beim Zugang nicht auf die tatsächliche Kenntnisnahme an (s. o.). Ob also der Widerruf **vor** oder **gleichzeitig** mit der Kündigung zugegangen ist, bleibt festzustellen.

a) Zunächst ist der **Zugangszeitpunkt** der Kündigungserklärung zu prüfen.

aa) Entscheidend ist, wann die Kündigung so in den Machtbereich des Empfängers gelangt ist, dass dieser unter normalen Umständen von ihr hätte Kenntnis nehmen können.

Zum Machtbereich des Empfängers **gehören auch die von ihm zur Entgegennahme von Erklärungen bereit gehaltenen Einrichtungen**, wie z. B. Briefkästen. Nach der Verkehrsanschauung bewirkt der Einwurf in den Briefkasten den Zugang, sobald mit der nächsten Leerung zu rechnen ist.

bb) Nach der Verkehrsanschauung wird der Briefkasten werktags einmal geleert. Mit der Entnahme der Kündigung war am 3. Dezember zu rechnen. Die Kündigung ist Reibach daher am 3. Dezember zugegangen.

b) Fraglich ist, **wann** der Widerruf zugegangen ist.

Auch hier kommt es auf die Kenntnisnahme des Reibach nicht an. Wie oben dargestellt, ist die Kündigung zum Zeitpunkt der normalen Leerung zugegangen. Der Widerruf ist erst am Abend des 3. Dezember in den Briefkasten gesteckt worden. Zu diesem Zeitpunkt wird aber der Briefkasten nach der Verkehrsanschauung nicht mehr geleert, sondern erst am darauf folgenden Tag. Der Widerruf ist somit erst am 4. Dezember zugegangen.

3. Folglich ist der Widerruf nicht vor oder gleichzeitig mit der Kündigung zugegangen, so dass die Kündigung wirksam bleibt. Im vorliegenden Fall entfällt auch nicht etwa die Schutzbedürftigkeit des Reibach gemäß § 242, weil er den Widerruf vor der Kündigung gelesen hat, da § 130 I 2 allein auf den Zugang abstellt.

III. Reibach ist am 3. Dezember eine wirksame Kündigung zugegangen.

C. Kündigungsgrund

Gemäß § 542 I kann ein unbefristeter Mietvertrag gekündigt werden. Ein Grund muss dafür nicht vorliegen.

D. Schriftform

Die gemäß § 568 I erforderliche Schriftform ist eingehalten worden.

E. Kündigungsfrist

Die Kündigung muss spätestens am 3. Werktag für den Ablauf des übernächsten Monats erklärt werden (§ 573 c I 1). Nach lebensnaher Sachverhaltsauslegung ist der 3. Dezember hier auch der 3. Werktag des Dezembers. Daher hat Arm die Kündigungsfrist eingehalten.

F. Ergebnis

Das Mietverhältnis ist wirksam zum 28. Februar beendet.

Fall 6

Sachverhalt

K ist Zauberkünstler und plant die Anschaffung eines neuen Zauberkoffers. Händler V bietet in einem Prospekt den Koffer vom Typ „Macrian“ zum Preis von 500 Euro an. K bestellt den Koffer bei V. Dabei verwechselt K den Koffer jedoch mit einem daneben abgebildeten Zauberkoffer, der 800 Euro kostet und schreibt: „Ich bestelle den Zauberkoffer „Macaroni“ zum angegebenen Preis, im Übrigen gelten meine umseitig abgedruckten Einkaufsbestimmungen.“ V schickt K umgehend folgendes Antwortschreiben: „Ich bestätige Ihre Bestellung; im Übrigen gelten meine umseitig abgedruckten Lieferbedingungen“. Einige Tage später bemerkt K seinen Fehler. Er ruft bei V an, erreicht aber nur die Sekretärin. Ihr teilt er mit, dass er nun den Koffer „Macrian“ wünsche. Die Sekretärin verspricht, V dies mitzuteilen. Nach einer Woche wird ein Zauberkoffer geliefert. Es handelt sich jedoch um das Modell „Macaroni“. Erbost ruft K bei V an. Auf die Nachricht bei seiner Sekretärin angesprochen, erklärt V, davon habe er nichts gewusst. Zudem hätten nach seinen Lieferbestimmungen alle Erklärungen an ihn schriftlich zu erfolgen. K müsse ihm den Koffer daher abnehmen. K beharrt aber auf seinen Einkaufsbedingungen: Danach reichen mündliche Erklärungen für Vertragsänderungen aus.

Muss K an V 800 Euro zahlen und den Zauberkoffer „Macaroni“ abnehmen?

Lösung

Anspruch des V gegen K auf Zahlung von 800 Euro und Abnahme des Zauberkoffers „Macaroni“ aus § 433 II

V könnte gegen K einen Anspruch aus § 433 II auf Zahlung von 800 Euro und Abnahme des Zauberkoffers „Macaroni“ haben.

I. Dazu müsste ein wirksamer Kaufvertrag zwischen K und V zustande gekommen sein. Ein Kaufvertrag kommt durch zwei korrespondierende Willenserklärungen, Angebot und Annahme, zustande.

1. Zunächst bedarf es eines **Angebotes** nach § 145. Ein Angebot zum Abschluss eines Kaufvertrags enthält eine an eine andere Person gerichtete Erklärung, eine bestimmte Sache zu einem bestimmten Preis von dem Adressaten zu kaufen oder an diesen zu verkaufen. Weiterhin muss sich aus der Erklärung ein Bindungswille ergeben. Diese Erklärung muss nicht wörtlich, sondern kann auch durch tatsächliches Verhalten abgegeben werden.

a) Im Prospekt des V könnte ein Angebot zum Abschluss eines Kaufvertrages nach § 145 liegen. Durch den Prospekt wird deutlich, dass V Zauberkoffer für einen bestimmten Preis anbietet. Es könnte jedoch am **Bindungswillen** mangeln. Ein Geschäftsinhaber will sich nicht gegenüber jedem verpflichten, der ihm gegenüber den Willen zum Kauf erklärt. **Er will nur Verträge in der Zahl abschließen, als Waren dieser Art vorhanden sind.** Ansonsten würde er sich schadensersatzpflichtig machen, wenn er Verträge schließt, die er nicht erfüllen kann. Folglich ist die Präsentation in einem Prospekt lediglich eine „invitatio ad offerendum", also eine Aufforderung, ein Angebot abzugeben. Ein Angebot gemäß § 145 liegt nicht vor.

b) Ein Angebot könnte im Brief des K liegen, er bestelle den Zauberkoffer „Macaroni" zum angebotenen Preis. Problematisch ist hierbei, dass K ein **Fehler** unterlief: Sein konkreter Geschäftswille war auf den Koffer „Macrian" (Preis: 500 Euro) gerichtet, in dem Schreiben an V kam aber nach dem tatsächlichen Wortlaut die Bestellung des Koffers „Macaroni" (Preis: 800 Euro) zum Ausdruck.

Bei der Auslegung einer Willenserklärung kommt es nicht auf die innere Einstellung des Erklärenden, sondern auf den objektiven Empfängerhorizont an. Maßgeblich ist dabei, wie ein redlicher Erklärungsempfänger die Erklärung unter Berücksichtigung von Treu und Glauben und **mit Rücksicht auf die Verkehrssitte** verstehen musste (**normative Auslegung**). Die an V gerichtete Annahmeerklärung ist also nach §§ 133, 157 so auszulegen, wie sie V unter Berücksichtigung aller Umstände verstehen durfte. V durfte aufgrund seines Prospekts von einer Bestellung des Koffers „Macaroni" zum Preis von 800 Euro ausgehen. Diese Erklärung ist V nach § 130 I wirksam zugegangen und stellt somit ein Angebot nach § 145 dar.

2. V könnte das Angebot des K **angenommen** haben, als er ihm das Antwortschreiben zukommen ließ. Die Annahme ist eine empfangsbedürftige Willenserklärung, durch die der Empfänger vorbehaltlos in den ihm angebotenen Vertragsabschluss einwilligt. V brachte mit seinem Schreiben zum Ausdruck, dass er das Angebot des K annehmen und ihm den Zauberkoffer „Macaroni" zum Preis von 800 Euro verkaufen wolle. K und V haben sich damit über die essentialia negotii des Kaufvertrages geeinigt.

II. Dieser Kaufvertrag könnte aber durch **Anfechtung** gemäß § 142 I ex tunc vernichtet worden sein. Eine wirksame Anfechtung setzt eine Anfechtungserklärung gegenüber dem richtigen Anfechtungsgegner, einen Anfechtungsgrund und die Wahrung der Anfechtungsfrist voraus.

1. Zunächst müsste K die Anfechtung nach § 143 I gegenüber dem richtigen Anfechtungsgegner **erklärt** haben. Bei einem Vertrag ist dies nach § 143 II der andere Vertragsteil. Eine solche Anfechtung ist eine einseitig empfangsbedürftige Willenserklärung. Eine Anfechtung könnte hier in der telefonischen Äußerung des V liegen, er habe sich bei der Bestellung vertan und wünsche die Lieferung des Zauberkoffers „Macrian". Der Begriff „Anfechtung" muss nicht fallen, sofern für den Adressaten verständlich wird, was gemeint ist. Das ist hier der Fall. Problematisch ist aber, dass K dies nicht gegenüber V, sondern gegenüber dessen Sekretärin erklärte.

a) Fraglich ist also, ob die Anfechtungserklärung V selbst **zugegangen** ist. Das ist dann der Fall, wenn sie in den Macht- und Organisationsbereich des Empfängers gelangt und dieser unter **normalen Umständen von ihr Kenntnis nehmen kann**. Tatsächlich hat V keine Kenntnis von der Anfechtung erhalten, da ihm die Sekretärin die Erklärung nicht weiterleitete. Fraglich ist, ob V der Erklärungszugang im Rahmen der Interessenabwägung des § 130 I zuzurechnen ist. Diesbezüglich kommt es auf die Stellung der Sekretärin an.

b) Zum Einen könnte die Sekretärin **Empfangsvertreterin** des V sein. Dann wäre V die Anfechtung des K in dem Moment zugegangen, als die Sekretärin sie vernahm (§ 164 III). Ein Zugang bei V wäre nicht erforderlich. Dagegen spricht aber der Umstand, dass von einer diesbezüglichen Vollmacht des V an K gemäß § 167 nichts bekannt ist.

c) Nahe liegender könnte daher sein, die Sekretärin als **Empfangsbotin** anzusehen. Empfangsbote ist, wer nach der Verkehrsauffassung als zum Empfang von Willenserklärungen geeignet anzusehen und vom Adressaten zur Entgegennahme bestellt wurde und **zur Entgegennahme von Willenserklärungen bereit ist**. Als Büroangestellte des V ist die Sekretärin fortlaufend mit der Entgegennahme von Willenserklärungen befasst. An ihrer Eignung dazu besteht kein Zweifel. Sie verspricht K, V die neue Lage mitzuteilen. K konnte daher von einer fehlerfreien Übermittlung an V ausgehen. Folglich ist die Sekretärin Empfangsbotin, und ihr Fehler ist der Risikosphäre des V zuzurechnen. Die Anfechtungserklärung ist ihm wirksam zugegangen.

2. Zweifel an der Wirksamkeit der Anfechtung könnten aber dennoch bestehen. Nach den **Lieferbedingungen** des V bedarf **jede Erklärung der Schriftform**. Hier hat K seine Anfechtung aber nur mündlich erklärt. Daher könnte die Anfechtung nach § 125 Satz 2 unwirksam sein. Dafür müssten sich K und V über die Einbeziehung dieser Schriftformklausel in den Kaufvertrag geeinigt haben. Die Nebenbedingungen des K enthalten jedoch in diesem Punkt eine andere Regelung, wonach die Mündlichkeit für Erklärungen ausreicht. Folglich widersprechen sich die Lieferbedingungen von V und K in der Frage der Formbedürftigkeit.

K und V wollen jeweils ihre eigenen Lieferbedingungen zum Vertragsinhalt machen. Fraglich ist, wie dieses Problem zu lösen ist.

a) Möglicherweise ist der Kaufvertrag zu den Bedingungen des V dadurch zustande gekommen, dass K dem Inhalt des „**Bestätigungsschreibens**" des V nicht unverzüglich widersprochen hat. Dies wäre dann der Fall, wenn es sich hierbei um ein echtes **kaufmännisches Bestätigungsschreiben** handelte. Dafür ist charakteristisch, dass durch eine solche Bestätigung der Inhalt bereits zum Abschluss gebrachter ernsthafter Vertragsverhandlungen aus Gründen der Klarstellung dokumentiert werden soll. Vertragsinhalt ist dann das, was in diesem Schreiben niedergelegt ist. Dadurch unterscheidet sich das (deklaratorische) kaufmännische Bestätigungsschreiben von der **Auftragsbestätigung**, die rechtlich als **vertragskonstitutive Annahme eines Vertrages** anzusehen ist. Zwischen V und K wurden keine Verhandlungen geführt, daher kann in dem Brief des V auch kein kaufmännisches Bestätigungsschreiben gesehen werden, sondern die Annahmeerklärung auf den Antrag des K. Das Schweigen des K hierauf hat nicht zur Folge, dass ein Vertrag zu den Lieferbedingungen des V zustande gekommen ist.

b) Nach einer Ansicht ist das Problem der sich widersprechenden Nebenbedingungen (hier der jeweiligen Lieferbedingungen von V und K) über § 150 II zu lösen. Danach kommt ein Vertrag erst zustande, **wenn die zeitlich letzte Modifikation des Angebots von dem anderen Teil angenommen worden ist**. Diese Annahme kann konkludent dadurch erfolgen, dass der Vertrag widerspruchslos vollzogen wird. Kommt eine solche konkludente Annahme aber gemäß § 147 II verspätet, scheitert der Vertragsschluss. Im Ergebnis führt diese Ansicht dazu, dass die Nebenbedingungen derjenigen Partei Vertragsinhalt werden, die vor Vertragsdurchführung zuletzt auf ihre

Geltung verwiesen hat („Theorie des letzten Wortes"). Hier hat zuletzt V an K geschrieben. Folglich käme ein Vertrag mit den Bedingungen des V zustande.

c) Eine zweite Ansicht will § 150 II einschränken. Zwar solle immer dann nicht mehr von einer konkludenten Annahme des modifizierten Antrags ausgegangen werden, wenn der ursprüngliche Besteller – unter Zuhilfenahme einer „Abwehrklausel" – **zum Ausdruck gebracht habe, er wolle grundsätzlich nur zu seinen Nebenbedingungen (hier: Lieferbedingungen) akzeptieren**; der Vertrag komme aber insofern zustande, als es den Parteien nach Treu und Glauben verwehrt sei, sich trotz der einvernehmlichen Abwicklung auf dessen Nichtzustandekommen zu berufen. Der Umstand, dass K und V damit begannen, ihre vertraglichen Leistungspflichten zu bewirken, würde nach dieser Ansicht einen Vertragsschluss begründen. Da K in seinem Angebot lediglich auf die Geltung seiner Lieferbedingungen hinwies, nicht aber ausdrücklich denen des V widersprach, liegt auch hier gemäß § 150 II ein Vertragsschluss zu den Bedingungen des V vor.

d) Nach einer dritten Ansicht ist das Problem innerhalb des **Konsens-Dissens-Prinzips der §§ 154 I, 155** zu lösen. Haben die Parteien sich hinsichtlich der essentialia negotii geeinigt und dementsprechend den Vertrag als solchen gewollt, so scheitert dieser nicht an dem „partiellen" Dissens über die Frage, welche Nebenbedingungen vereinbart sind. **Eine diesbezügliche Einigung tritt nach dem Willen der Parteien entgegen der Auslegungsregel des § 154 I hinter das Zustandekommen des Vertrages zurück.** Im Gegensatz zur zweiten Ansicht stellt diese Ansicht nicht darauf ab, ob eine wie auch immer ausgestaltete „Abwehrklausel" den Lieferbedingungen zugrunde liegt. Vertragsinhalt werden insoweit nur diejenigen Klauseln, die inhaltlich beidseitig übereinstimmend geregelt sind (**Prinzip der Kongruenzgeltung**); an die Stelle sich widersprechender Nebenbedingungen solle dispositives Gesetzesrecht treten (vgl. § 306 II). Legt man dies zugrunde, kommt ein Vertrag zwischen K und V zustande, in den nur die übereinstimmenden Klauseln beider Lieferbedingungen einbezogen würden.

e) Die Ansichten kommen zu unterschiedlichen Ergebnissen. Eine Streitentscheidung ist folglich notwendig. Die erste Ansicht, also die „Theorie des letzten Wortes", ist wegen ihrer Zufälligkeit abzulehnen. Das Hin und Her aus jeweils modifizierten, neuen Angeboten könnte ansonsten beliebig fortgesetzt werden. Welches Schreiben das zeitlich letzte ist, hängt vom Zufall ab. Auch die zweite Ansicht ist nicht tragfähig. Es würde ein **Wettlauf der**

Abwehrklauseln beginnen. Zudem würde es in vielen Fällen dem Parteiwillen widersprechen, wenn vorformulierte Abwehrklauseln entgegenstehende Regelungen einseitig abwehren und sich somit selbst in Geltung setzen können. Zu folgen ist daher dem interessengerechten dritten Ansatz, der dem Parteiwillen am meisten Rechnung trägt.

Folglich ist zwischen K und V **ein Kaufvertrag zustande gekommen**. Die sich widersprechenden Bedingungen werden durch Gesetzesrecht ersetzt.

An ihrer Stelle treten damit die Regelungen des dispositiven Gesetzesrechts (siehe oben). Danach ist die Anfechtung grundsätzlich formfrei möglich. K hat somit nicht gegen ein Formerfordernis verstoßen.

3. Weiterhin bedürfte es eines **Anfechtungsgrundes**. In Betracht kommt ein **Inhaltsirrtum** nach § 119 I Var. 1. Bei einem Irrtum über den Erklärungsinhalt will der Erklärende zwar die Erklärung in ihrer tatsächlichen Form abgeben. Er wollte ihr aber einen anderen Inhalt geben und irrt dementsprechend über Tragweite und Bedeutung seiner Erklärung. **Es fallen also der objektive Erklärungswert und die subjektive Vorstellung des Erklärenden auseinander.** Als K die Bestellung schrieb, wollte er im Moment der Erklärungshandlung „Macaroni" schreiben. Allerdings maß er dieser Erklärung eine andere Bedeutung zu, als sie in Wirklichkeit hatte. Es liegt ein Inhaltsirrtum nach § 119 I Var. 1 vor. (Hinweis: Es liegt kein Erklärungsirrtum nach § 119 I Var. 2 vor, da sich K nicht verschrieben hat. Er wollte Macaroni schreiben und hat das auch getan. Er dachte aber, der Inhalt seiner Erklärung „Macaroni" sei ein anderer, nämlich „Macrian".) Folglich ist ein Anfechtungsgrund gegeben.

4. Weiterhin müsste K die **Anfechtungsfrist** nach § 121 eingehalten haben. Danach muss die Anfechtung unverzüglich nach Kenntnis des Anfechtungsgrundes erklärt werden. Nachdem K seinen Fehler bei der Bestellung bemerkt hat, informiert er die Sekretärin des V ohne schuldhaftes Zögern. Damit hat K die Anfechtungsfrist nach § 121 eingehalten.

Durch die erfolgreiche Anfechtung des K ist der Kaufvertrag ex tunc nach § 142 I unwirksam.

Ergebnis: V hat gegen K keinen Anspruch aus § 433 II auf Zahlung von 800 Euro und Abnahme des Zauberkoffers „Macaroni".

Fall 7

Sachverhalt

Katja ist Post-doc-Mitarbeiterin am Max-Delbrück-Zentrum in Berlin-Buch und bezieht über ihre Buchhandlung B seit 1. Januar 2008 für private Zwecke das Magazin „Blut". Sie möchte den laufenden Bezugsvertrag zum Jahresende kündigen und im nächsten Jahr die Zeitschrift „Blood" bei einer anderen Buchhandlung abonnieren. Am 16. November 2008 tätigt sie eine entsprechende Bestellung. Am gleichen Tag geht sie zu ihrer alten Buchhandlung B und gibt dem Mitarbeiter M einen Brief in die Hand, in dem sie aber irrtümlich schreibt: „Ich kündige mein Blood-Abonnement zum 31.12.2008." Obwohl K den M ausdrücklich gebeten hatte, den Brief schnell zu bearbeiten, da sonst die Kündigungsfrist des 20. November nicht eingehalten wird, leitet M den Brief erst eine Woche später weiter. Sein Chef kann K nicht im Verzeichnis der „Blood"-Abonnenten finden und überprüft nicht, ob K ein anderes Magazin bezieht. Kurz darauf erhält K erneut eine Ausgabe der Zeitschrift „Blut" nebst einer Rechnung der Buchhandlung B über 200 Euro.
Muss sie zahlen?

Lösung

Anspruch der B gegen K auf Zahlung von 200 Euro für den Bezug der Zeitschrift „Blut" aus § 433 II

B könnte gegen K einen Anspruch auf Zahlung aus § 433 II von 200 Euro für den Bezug der Zeitschrift „Blut" haben. Ein Vertrag kommt durch zwei inhaltlich übereinstimmende, mit Bezug aufeinander abgegebene Willenserklärungen zustande.

1. Ursprünglich bestand ein Kaufvertrag in Form eines Ratenlieferungsvertrages als Dauerschuldverhältnis nach § 505 I Nr. 2 zwischen B und K über die Zeitschrift „Blut".

2. Möglicherweise wurde dieser Vertrag wirksam von K gekündigt. Die Wirksamkeit der Kündigung hängt davon ab, dass sie rechtzeitig, also noch innerhalb der Kündigungsfrist bis zum 20. November, gegenüber B erklärt wurde und ungeachtet ihres abweichenden Wortlauts als Kündigung des „Blut"-Abonnements der K Geltung erlangt hat.

a) Zunächst müsste eine **Kündigungserklärung** gegeben sein. Hier liegt ein Schreiben der K an B vor. Damit ist zumindest eine Erklärung gegeben.

b) Diese Kündigungserklärung müsste innerhalb der vertraglich vereinbarten **Kündigungsfrist** zugegangen sein. Sie muss also spätestens am 19. November, dem letzten möglichen Kündigungstag gemäß § 187 II 1, wirksam geworden sein. Wirksam wird die empfangsbedürftige Kündigungserklärung gemäß § 130 I 1 erst in dem Zeitpunkt, in dem sie dem Erklärungsempfänger **zugeht**. Fraglich ist, ob K den Zugang ihrer Kündigungserklärung fristgemäß am 16. November mit der Abgabe des Schreibens an M, den Angestellten der B, bewirkt hat, oder ob der Zugang erst eine Woche später bei der Bearbeitung durch den Chef der Buchhandlung erfolgt ist.

Der Zugang des Schreibens des K könnte am 16. November erfolgt sein, wenn M zur Entgegennahme des Schreibens für den Empfänger (den Chef der Buchhandlung) berechtigt ist. **Eine solche Empfangsberechtigung besteht, wenn der Dritte auf der Seite des Erklärungsempfängers – als Empfangsbote oder Empfangsvertreter – in den Übermittlungsvorgang einbezogen ist.** Ist der Dritte dagegen nur als Erklärungsbote tätig, ist allein der Zeitpunkt der wirklichen Übermittlung an den Empfänger entscheidend. Gemäß § 164 I 1, III ist Empfangsvertreter, wer zur Entgegennahme von Erklärungen mit Wirkung für und gegen den Empfänger bevollmächtigt ist. M ist als Mitarbeiter der Buchhandlung nach § 56 HGB (**sog. Ladenvollmacht**) i.V.m. § 164 III **Empfangsvertreter**. Nach dieser Vorschrift ist ein Ladenangestellter durch gesetzliche Fiktion („gilt“) zu Verkäufen und Empfangnahmen ermächtigt, die in einem derartigen Laden gewöhnlich geschehen. Damit ist die Kündigung der K am 16. November bei B zugegangen.

c) Problematisch ist noch der Inhalt des Kündigungsschreibens. K erklärt die Kündigung des „Blood“-Abonnements, obwohl sie Abonnentin der Zeitschrift „Blut“ war. Es muss daher **durch Auslegung ermittelt** werden, mit welchem Inhalt die Kündigung wirksam geworden ist. Fraglich ist, ob für die Auslegung des Inhalts primär auf den Wortlaut der Erklärung (Blood) oder auf den abweichenden wirklichen Willen (Blut) abzustellen ist.

Gemäß § 133 ist der wirkliche Wille des Erklärenden zu erforschen. Es ist nicht starr am Wortlaut festzuhalten. Gleichzeitig sind aber auch die Interessen des Erklärungsempfängers zu berücksichtigen. Der subjektive Wille der K könnte nach dem Grundsatz „falsa demonstratio non nocet“ nur dann uneingeschränkte Geltung beanspruchen, wenn B die Falschbezeichnung im gleichen Sinne wie K erkannt hätte (**sog. beiderseitige Falschbezeichnung**). Hier liegt jedoch eine einseitige, d.h. vom Empfänger nicht erkannte Falschbezeichnung vor. In diesem Fall darf die Auslegung nicht einseitig auf den subjektiven Willen der Erklärenden K abstellen, sondern muss **von den objektiv bestehenden Verständnismöglichkeiten des Erklärungsempfängers** B ausgehen. Dies bedeutet aber nicht, dass die Kündigung so auszulegen ist, wie sie von B verstanden wurde. Entscheidend ist vielmehr das Verständnis eines objektiven Dritten. Maßgeblich ist also der objektive Empfängerhorizont.

Zu klären ist demnach, ob es für B trotz der Falschbezeichnung **möglich und zumutbar** war, zu erkennen, dass sich die Kündigung der K auf das bestehende „Blut“-Abonnement bezogen hat. „Blood“ ist die englische Bezeichnung für „Blut“. Beide Begriffe klingen fast gleich. Zudem haben deutsche naturwissenschaftliche Zeitschriften in der Regel auch einen englischen Titel. B musste daher in Betracht ziehen, dass sich die Abbestellung auf die Zeitschrift „Blut“ bezieht. Für diese vom Wortlaut der Erklärung abweichende Auslegung der Kündigung der K spricht ferner der Umstand, dass die Existenz eines Bezugsvertrages über eine andere als die angegebene Zeitschrift mit Hilfe des vorhandenen Abonnentenverzeichnisses ohne weiteres festgestellt werden konnte.

Folglich wurde der Vertrag über das Magazin „Blut“ wirksam von K gekündigt.

Ergebnis: B hat gegen K keinen Anspruch auf Zahlung aus § 433 II von 200 Euro für den Bezug der Zeitschrift „Blut“.

Fall 8

Sachverhalt

In die Buchhandlung Walthari in Freiburg kommen nach der Vorlesung viele Studenten, um das Buch „25 Fälle zum Sachenrecht“ von Rauda zu bestellen. Die flinke Buchhändlerin B bestellt beim Großhändler G telefonisch und macht es, da der beliebte Laden wie üblich voll ist, kurz: „10 mal Sachenrecht von Rauda aus dem Richter-Verlag, bitte!“. G meint: „Geht in Ordnung!“ Am nächsten Tag treffen 10 Stück des Buches „Juristischer Grundkurs Sachenrecht II“ von Rauda aus dem Richter-Verlag ein. B bemerkt sofort die Verwechslung und schickt die Bücher an G zurück. Dieser möchte seine Versandkosten (8 Euro) ersetzt bekommen. Zu Recht?

Lösung

I. Anspruch des G gegen B aus § 433 II auf Zahlung der Versandkosten in Höhe von 8 Euro

G könnte gegen B einen Anspruch auf 8 Euro Versandkosten in Höhe von 8 Euro aus § 433 II haben.

1. Zunächst müsste ein **Kaufvertrag** nach § 433 zwischen G und B bestehen. Ein Kaufvertrag setzt zwei inhaltsgleiche, korrespondierende, Willenserklärungen voraus. Hier stimmen die Erklärungen von G und B zwar äußerlich überein, ihr Sinn ist aber **objektiv mehrdeutig**: Mit der Äußerung „10 mal Sachenrecht von Rauda“ konnte sowohl das Fallbuch als auch der Juristische Grundkurs gemeint sein. Es liegen keine Umstände vor, die auf das eine oder andere Buch hinweisen.

2. Ein objektiv mehrdeutiges Angebot ist nicht mangels inhaltlicher Bestimmtheit von vornherein nichtig. Vielmehr ist es, wenn es der Empfänger tatsächlich im gleichen Sinne versteht wie der Erklärungsempfänger, durchaus annahmefähig. **Stimmt der tatsächliche Wille der Parteien überein, so schadet ein objektiv mehrdeutiger Erklärungsinhalt nicht (falsa demonstratio non nocet).** Verstehen dagegen, wie hier, beide Parteien den Erklärungsinhalt unterschiedlich, liegt mangels Einigung kein Vertrag vor. Dass B und G geglaubt hatten, sie hätten sich geeinigt, ist als versteckter Dissens unbeachtlich.

3. Möglicherweise greift aber die **Auslegungsregel des § 155** ein. Danach gilt das Vereinbarte, wenn sich die Parteien bei einem Vertrage, den sie als geschlossen ansehen, über einen Punkt, über den eine Vereinbarung getroffen werden sollte, in Wirklichkeit nicht geeinigt haben. Voraussetzung ist jedoch, dass der Vertrag auch ohne eine Bestimmung über diesen Punkt geschlossen sein würde.

Im vorliegenden Fall fehlt es zwischen B und G bereits an der teilweisen Einigung. Damit greift die Auslegungsregel des § 155 nicht ein. Mangels Vertrags besteht damit kein Zahlungsanspruch.

Ergebnis: G hat gegen B keinen Anspruch auf 8 Euro Versandkosten in Höhe von 8 Euro aus § 433 II.

II. Anspruch des G gegen B aus §§ 311 II Nr. 1, 241 II, 280 I 1 (culpa in contrahendo) auf Zahlung der Versandkosten in Höhe von 8 Euro

G könnte gegen B einen Anspruch auf 8 Euro Versandkosten aus §§ 311 II Nr. 1, 241 II, 280 I 1 (culpa in contrahendo) haben.

1. Dazu müsste zunächst ein **Schuldverhältnis** vorliegen. Einen Vertrag haben G und B nicht geschlossen (siehe unter I.). In Frage kommt daher nur ein vorvertragliches Schuldverhältnis gemäß § 311 II. G und B könnten gemäß § 311 II Nr. 1 **Vertragsverhandlungen** aufgenommen haben. Sie telefonieren bezüglich der Richterskripte. Damit wurden Vertragsverhandlungen nach § 311 II Nr. 1 aufgenommen. Folglich ist ein **vorvertragliches Schuldverhältnis** entstanden.

2. Weiterhin müsste B Pflichten nach § 241 II verletzt haben. **Zu den Rücksichtnahmepflichten gehören Obhut, Schutz und Information des Partners.** Hier hat B ihre Bestellung nicht genau genug abgegeben. Damit hat sie eine Informationspflicht nach § 241 II verletzt.

3. Schließlich müsste B diese Pflichtverletzung **zu vertreten** haben (§ 280 I 2). Vertretenmüssen umfasst Vorsatz und Fahrlässigkeit, § 276 I 1. Nach § 276 I 2 handelt fahrlässig, wer die im Verkehr erforderliche Sorgfalt außer Acht lässt. B hat ihre Bestellung nicht genau formuliert, obwohl sie als Buchhändlerin wissen müsste, dass Rauda zwei Bände zum Sachenrecht vorgelegt hat. Eine sorgfältige Buchhändlerin gibt bei einer Bestellung den vollständigen Titel an. Dies hat B nicht getan. Sie handelte sorgfaltswidrig und damit fahrlässig nach § 276 I 2. Daher hat sie ihre Pflichtverletzung nach § 280 I 2 zu vertreten.

4. Es müsste G ein **Schaden** nach § 280 I 1 entstanden sein. G musste 8 Euro für Porti auslegen. Damit beträgt sein Schaden 8 Euro.

5. Fraglich ist, ob der Anspruch des G nach § 254 II 1, I gekürzt werden muss. Danach trägt der Anspruchsteller einen Teil des Schadens selbst, wenn ihm ein **Mitverschulden** zur Last gelegt werden kann. G könnte ebenfalls fahrlässig nach § 276 I 2 gehandelt haben. Als Großhändler hätte G die Mehrdeutigkeit erkennen müssen und bei B nachfragen müssen, welchen Titel sie bestellen möchte. Dass er dies nicht getan hat, obwohl er zwei Sachenrechtsbücher von Rauda im Sortiment hat, ist ihm als Mitverschulden nach § 254 II 1, I anzurechnen. Indem beide Parteien im Buchhandel tätig sind, **hätten beide die Mehrdeutigkeit erkennen können**, so dass eine Schadensteilung angebracht erscheint. Wegen des Mitverschuldens kann G folglich nur 4 Euro geltend machen.

Ergebnis: G hat gegen B einen Anspruch auf 4 Euro Versandkosten aus §§ 311 II Nr. 1, 241 II, 280 I 1 (culpa in contrahendo).

Geschäftsfähigkeit

Geschäftsunfähigkeit	Beschränkte Geschäftsfähigkeit	Volle Geschäftsfähigkeit
Minderjährige bis zur Vollendung des 7. Lebensjahres (§ 104 Nr.1). Geisteskranke, deren freie Willensbestimmung dauerhaft ausgeschlossen ist, §§ 104, 187 II	Minderjährige vom 7. Geburtstag bis zur Volljährigkeit, § 106.	Beginnt mit dem Tag des 18. Geburtstags, §§ 2, 187 II.
Rechtsfolge: Willenserklärung ist nach § 105 I nichtig.	**Rechtsfolge:** Willenserklärung ist von Anfang an voll wirksam, wenn das Geschäft dem Minderjährigen einen lediglich rechtlichen Vorteil bringt, § 107 <u>oder</u> wenn der gesetzliche Vertreter in die Vornahme eines bestimmten Rechtsgeschäfts eingewilligt hat, §§ 107. Ansonsten ist eine Willenserklärung schwebend unwirksam, § 108 I. Ein einseitiges Rechtsgeschäft ist nach § 111 nichtig.	**Rechtsfolge:** Die Willenserklärung ist uneingeschränkt wirksam.

Fall 9

Sachverhalt

Der 17jährige M ist ein großer Fan von Verkleidungs-Parties. Nach seinen letzten Mottos „Viva Mexiko" und „Fluch der Karibik" plant er nun eine „James-Bond-*Quantum-of-solace*"[1]-Fete, zu der er seine Freunde einladen möchte. Um die Party stilecht zu gestalten, hat er vor, von seinem Taschengeld Filmposter als Dekoration zu erwerben. In einem Plakatladen kauft M zehn Poster in der Größe DIN A0 mit Motiven aus dem 007-Film für 50 Euro. Dem Verkäufer V sagt er, er werde die Poster von seinem Taschengeld bezahlen. Auf Nachfrage des V behauptet M wahrheitswidrig, seine Eltern seien informiert und mit dem Geschäft einverstanden. Da M jedoch nur 5 Euro bei sich hat, zahlt er diese an und hinterlässt seine Telefonnummer. Im Übrigen verspricht er V, das restliche Geld am nächsten Tag vorbeizubringen. M zeigt seinen Eltern abends die 007-Poster, und sie sind mit dem Kauf einverstanden. Als M am nächsten Tag nicht wie verabredet bei V erscheint, kommen diesem Zweifel und er ruft bei den Eltern des M an. Da M unterdessen im Internet ein besseres Angebot entdeckt hat, verweigern die Eltern des M gegenüber V die Zustimmung zu dem Geschäft. Kann V von M die Zahlung von 45 Euro verlangen?

Lösung

Ansprüche des V gegen M aus § 433

V könnte gegen M einen Anspruch auf Zahlung von 45 Euro aus § 433 II haben.

1. Dazu müssten V und M einen Kaufvertrag nach § 433 über die Bond-Poster geschlossen haben. Ein Vertrag kommt gemäß §§ 145 ff. durch zwei übereinstimmende Willenserklärungen zustande, nämlich Angebot und Annahme.

2. M und V haben sich über den Kauf von zehn Filmpostern geeinigt. Es liegen daher grundsätzlich zwei inhaltlich übereinstimmende Willenserklärungen vor.

a) Fraglich ist jedoch, ob die Willenserklärung des M **wirksam** war. Schließlich war M mit 17 Jahren **minderjährig**, § 2.

---

[1] *Directed 2008 by Marc Forster. With Daniel Craig, Olga Kurylenko, Gemma Arterton.*

b) Nach § 108 I ist die Willenserklärung eines **beschränkt Geschäftsfähigen**, die ohne die erforderliche Zustimmung des gesetzlichen Vertreters abgegeben worden ist, grundsätzlich **zunächst schwebend unwirksam**.

aa) M müsste zunächst **beschränkt geschäftsfähig** sein. Nach § 106 ist ein Minderjähriger beschränkt geschäftsfähig, wenn er das 7. Lebensjahr vollendet hat. M ist 17 Jahre alt. Folglich ist er beschränkt geschäftsfähig.

bb) Ferner müsste die **Zustimmung des gesetzlichen Vertreters** erforderlich sein. Nach § 107 ist die Zustimmung des gesetzlichen Vertreters dann erforderlich, wenn der Minderjährige durch die Willenserklärung nicht lediglich einen rechtlichen Vorteil erlangt. **Lediglich rechtlich vorteilhaft ist eine Willenserklärung, wenn der Minderjährige seine Rechtsstellung verbessert, ohne gleichzeitig die Minderung oder den Verlust eines Rechtes oder die Entstehung einer Rechtspflicht für sich zu bewirken.** Dabei kommt es nicht auf eine wirtschaftliche, sondern auf eine rein rechtliche Beurteilung an.

Vorliegend wird M durch seine Willenserklärung zur Zahlung von 50 Euro verpflichtet. Eine Zahlungspflicht ist ein rechtlicher Nachteil. Daher ist das von M abgeschlossene Geschäft nicht lediglich vorteilhaft i.S.v. § 107. Folglich ist die Zustimmung des gesetzlichen Vertreters grundsätzlich erforderlich.

cc) Ausnahmsweise kann auch eine nicht lediglich rechtlich vorteilhafte Willenserklärung **ohne Zustimmung** des gesetzlichen Vertreters wirksam sein. Dies ist der Fall, wenn die Voraussetzungen der Ausnahmeregelungen der §§ 110, 112 oder 113 eingreifen.

aaa) Die Vorschrift des § 110 wird auch **Taschengeldparagraph** genannt. Nach dieser Regelung ist die Zustimmung der gesetzlichen Vertreter des M nicht erforderlich, wenn der Minderjährige seine vertragsgemäße Leistung mit Mitteln bewirkt, die ihm zu diesem Zweck zur freien Verfügung überlassen worden sind.

bbb) Die gesetzlichen Vertreter des M sind nach §§ 1626, 1629 seine Eltern. Diese haben ihm Taschengeld gegeben, mit dem er den Kauf getätigt hat. Damit § 110 eingreift, muss der Minderjährige **das Geld auch zu einem Zweck einsetzen, der nicht wesentlichen Erziehungszielen der Eltern zuwiderläuft**. Das ergibt sich daraus, dass in der Hingabe des Taschengelds eine konkludente Zustimmung liegt, das Geld für Dinge auszugeben, die sich im Rahmen des Vernünftigen halten. Der Erwerb von Filmpostern ist nicht grob vernunftwidrig.

ccc) M müsste die Leistung auch bewirkt haben. Ein Bewirken der Leistung setzt bei der Verpflichtung zur Zahlung des Kaufpreises die Bezahlung durch Übergabe des Geldes voraus. M hat nicht den vollständigen Kaufpreis beglichen, sondern lediglich eine Anzahlung in Höhe von 5 Euro geleistet. Fraglich ist, ob diese **Teilleistung im Rahmen des § 110 genügt**.

Wenn es für die Wirksamkeit ausreichen würde, dass der Minderjährige nur eine Teilleistung erbringen muss, könnte er sich höher verpflichten als es seine Leistungsfähigkeit gestatten würde. Der **Zweck** des § 110, den Minderjährigen **durch geringfügige Geschäfte** an das Geschäftsleben zu **gewöhnen**, würde so vereitelt. Der Minderjährige muss deshalb seine Pflicht zur Zahlung vollständig erfüllt haben, eine Teilleistung genügt für die Anwendbarkeit des § 110 nicht. Durch die Teilzahlung wurde die Leistung daher noch nicht bewirkt. Das **Zustimmungserfordernis** entfällt folglich nicht wegen § 110.

dd) Die Eltern des M als dessen gesetzliche Vertreter müssten zugestimmt haben. Sie haben in das Geschäft mangels Kenntnis nicht nach §§ 107 i.V.m. 183 eingewilligt. Sie könnten den Kauf indes durch nachträgliche Zustimmung nach §§ 108 i.V.m. 184 genehmigt haben. Nach § 182 I kann die Genehmigung sowohl gegenüber dem Minderjährigen als auch gegenüber dem Vertragspartner erklärt werden.

aaa) Die Eltern könnten den Kauf über die James-Bond-Poster **genehmigt** haben, indem sie gegenüber M erklärten, sie seien mit dem Geschäft einverstanden. Diese Erklärung gegenüber M signalisiert Zustimmung und ist daher eine Genehmigung im Sinne des § 184.

bbb) Diese Genehmigung könnte jedoch **wieder erloschen** sein. Nach § 108 II S. 1 Halbsatz 2 erlischt die dem Minderjährigen gegenüber abgegebene Genehmigung, wenn der Vertragspartner den gesetzlichen Vertreter zur Erklärung über die Genehmigung auffordert. Der gesetzliche Vertreter kann dann die Genehmigung nicht mehr gegenüber dem Minderjährigen, sondern nur noch gegenüber dem Vertragspartner abgeben.

Als V Zweifel an der Wirksamkeit des Vertrages kamen, rief er die Eltern des M an, um sich nach dem Vertrag zu erkundigen. Damit hat er die gesetzlichen Vertreter des M zur Erklärung der Genehmigung des Vertrages i.S.d. § 108 II aufgefordert. Folglich ist die M gegenüber erklärte Genehmigung nach § 108 II 1 Halbsatz 2 erloschen. Der gesetzliche Vertreter konnte die Genehmigung nur noch gegenüber V abgeben.

Im Telefongespräch mit V haben die Eltern indes ihre Zustimmung nicht erteilt, sondern diese verweigert. Folglich liegt keine wirksame Genehmigung nach §§ 108 i.V.m. 184 vor.

Durch die **telefonische Verweigerung der Genehmigung** gegenüber V ist der schwebend unwirksame Vertrag endgültig unwirksam geworden.

Daher hat V keinen wirksamen Kaufvertrag mit M nach § 433 geschlossen.

Ergebnis: V kann von M nicht Zahlung des Kaufpreises in Höhe von 45 Euro aus § 433 II verlangen.

Fall 10

Sachverhalt

Der 16jährige M, der von seinen Eltern überhaupt keine Genehmigung hat, öffentliche Verkehrsmittel zu benutzen, ist im Januar 2009 auf Klassenfahrt in Berlin. Er betritt an einem freien Nachmittag einen Metrobus und sagt im Vorbeigehen dem Fahrer, für ihn gelte heute der Null-Tarif. Als M auch nach Diskussion nicht zahlen will, fährt der Busfahrer los, um seinen Fahrplan einzuhalten. Er ruft über Funk die Polizei. Die herbeigerufenen Beamten nehmen die Personalien des M auf. An der Haltstelle „Kochstraße" muss er aussteigen. Dort trifft M seinen volljährigen Freund F an einem Stand mit Original-Mauerstücken wieder. F hat gerade zwei kleine Mauerstücke für seine Eltern gekauft. M möchte nicht nachstehen. Er leiht sich von F 60 Euro, um ebenfalls ein Mauerstück zu erwerben. Nach seiner Rückkehr stellt sich heraus, dass das Mauerstück nicht echt ist. Es handelt sich um Repliken einer privaten Mauer, die höchstens 10 Euro wert sind. Die Eltern des M weigern sich daher, dem F den geliehenen Betrag zurückzuzahlen.

1. Haben die Berliner Verkehrsbetriebe (BVG) einen vertraglichen Anspruch auf das in den Allgemeinen Beförderungsbedingungen niedergelegte „erhöhte Entgelt für Fahren ohne Fahrausweis" in Höhe von 40 Euro gegen M?

2. Kann F einen Anspruch gegen M auf 60 Euro geltend machen?

Lösung

Frage 1: Anspruch der BVG gegen M aus § 631 I auf Zahlung des erhöhten Beförderungsentgelts von 40 Euro

Die BVG könnte gegen M einen Anspruch auf 40 Euro erhöhtes Entgelt für die Beförderung aus § 631 I haben.

I. Zunächst könnte ein **Werkvertrag** nach § 631 zwischen der BVG und M bestehen. Bei der Beförderung soll ein Erfolg erbracht werden, es kommt also nur ein Werkvertrag in Betracht. Fraglich ist, ob ein solcher Werkvertrag hier geschlossen wurde. M erklärt ausdrücklich, dass er keinen Vertrag zu den von der BVG genannten Bedingungen abschließen wolle, da für ihn der Null-Tarif gelte. Allerdings könnte M mit Besteigen des Metrobus nach § 151 S. 1 zum Ausdruck bringen, dass er die angebotene Leistung in Anspruch nehmen will und mit der Geltung der Allgemeinen Beförderungsbedingungen einverstanden ist. Dies könnte sich daraus ergeben, dass die BVG die Beförderung nur unter diesen Bedingungen oder gar nicht durchführen möchte (vgl. § 305 a Nr. 1). Wie das Problem zu lösen ist, ist umstritten.

1. Nach der **Lehre vom „faktischen Vertrag“** hat die Inanspruchnahme einer Leistung im Massenverkehr die sozialtypische Bedeutung einer Annahmeerklärung. Es handele sich folglich um **„sozialtypischen Verhalten“**. Der Leistungsempfänger müsse sich diese Bedeutung seines Verhaltens ohne Rücksicht auf seinen Willen zurechnen lassen, weil sie in der Konsequenz seines Verhaltens liege und ihm auch bewusst sei oder sein müsse.

2. Dagegen meint die Rechtsprechung, dass **auch bei Leistungen im Massenverkehr eine Willenserklärung für den Vertragsschluss notwendig** sei. Allerdings sei die Weigerung, bei Inanspruchnahme der Leistung eine Annahmeerklärung abzugeben, grundsätzlich unbeachtlich (sog. protestatio facto contraria). Dies ergebe sich aus dem Rechtsgedanken der § 612 I und § 632 I (stillschweigende Vereinbarung einer Vergütung) sowie aus § 242.

3. Eine andere Ansicht verneint das Zustandekommen eines Vertrages bei ausdrücklicher Weigerung. Die **Privatautonomie** gehe vor. Deshalb sei die Weigerung, eine Annahmeerklärung abzugeben, sehr wohl beachtlich.

4. Allerdings hat für alle Ansichten der Schutz des nicht (voll) Geschäftsfähigen Vorrang. M ist als 16jähriger nach § 106 i.V.m. § 2 beschränkt geschäftsfähig. Nach allen Ansichten ist bei minderjährigen Fahrgästen, die **ohne Zustimmung des gesetzlichen Vertreters** Fahrleistungen in Anspruch nehmen, der Vertrag schwebend unwirksam nach §§ 107, 108 I.

Damit scheidet mangels Vertragsschluss ein Anspruch der BVG gegen M aus § 631 I auf Zahlung des erhöhten Beförderungsentgelts von 40 Euro aus.

Ergebnis: Die BVG hat gegen M keinen Anspruch auf 40 Euro erhöhtes Entgelt für die Beförderung aus § 631 I.

Frage 2:

I. Anspruch des F gegen M aus § 488 I 2 auf Zurückerstattung des zur Verfügung gestellten Darlehens in Höhe von 60 Euro

F könnte gegen M einen Anspruch in Höhe von 60 Euro auf Zurückerstattung eines zur Verfügung gestellten Darlehens aus § 488 I 2 haben.

1. Zunächst müsste ein **Darlehensvertrag** zwischen F und M aus § 488 I geschlossen worden sein. Hier stellt F dem M einen größeren Geldbetrag zur Verfügung. Für eine bloße Gefälligkeit sind keine Anhaltspunkte erkennbar. Indem von einer „Leihe" gesprochen wurde, scheidet auch eine Schenkung nach § 516 aus. Damit kommt grundsätzlich ein Darlehensvertrag in Betracht.

2. Problematisch ist, dass M nach § 106 i.V.m. § 2 als Minderjähriger nur beschränkt geschäftsfähig ist. **Nach §§ 107, 108 I hängt die Wirksamkeit einer ohne die erforderliche Einwilligung der gesetzlichen Vertreter abgegebenen Erklärung grundsätzlich von der Genehmigung des gesetzlichen Vertreters ab.**

Fraglich ist, ob die Einwilligung der gesetzlichen Vertreter des M erforderlich war. Eine Einwilligung ist nicht erforderlich, wenn dem Minderjährigen aus dem Geschäft kein rechtlicher Nachteil erwächst (§ 107).

a) Der Vertrag könnte **lediglich rechtlich vorteilhaft** nach § 107 sein. Der Darlehensvertrag begründet die Verpflichtung zur Rückzahlung des Kapitals. Damit ist der Vertrag nicht lediglich rechtlich vorteilhaft.

b) Möglicherweise liegt eine **Einwilligung der Eltern** vor. Die gesetzlichen Vertreter können ihre Einwilligung zu einer ganzen Reihe von zunächst nicht individualisierten Geschäften erteilen. Dies nennt man „Generaleinwilligung". Der Umfang der Einwilligung ist durch **Auslegung** zu ermitteln, wobei im Interesse des Minderjährigenschutzes im Zweifel eine enge Auslegung geboten ist. Wenn die Eltern der Klassenfahrt ihres Sohnes zustimmen, bedeutet dies im Zweifel das Einverständnis mit allen Rechtsgeschäften, die für diesen Zweck erforderlich sind. Unter Umständen ist auch eine Kreditaufnahme gedeckt, wenn zum Beispiel dem Minderjährigen das Geld gestohlen wird.

Im vorliegenden Fall diente die Kreditaufnahme aber allein einem Zweck, der mit der ordnungsgemäßen Durchführung der Klassenfahrt nichts zu tun hatte. Sie war von der Generaleinwilligung nicht mehr gedeckt. Folglich war der zwischen M und F geschlossene Darlehensvertrag zunächst schwebend unwirksam. Indem die Eltern ihre Genehmigung zu dem Geschäft verweigerten, wurde der Vertrag endgültig unwirksam.

Ergebnis: F hat gegen M keinen Anspruch in Höhe von 60 Euro auf Zurückerstattung des zur Verfügung gestellten Darlehens aus § 488 I 2.

II. Anspruch des F gegen M aus § 812 I 1 Var. 1 auf Herausgabe des zur Verfügung gestellten Darlehens in Höhe von 60 Euro

F könnte gegen M einen Anspruch in Höhe von 60 Euro auf Herausgabe des zur Verfügung gestellten Darlehens aus § 812 I 1 Var. 1 haben. Dazu müsste M etwas durch Leistung des F ohne Rechtsgrund erlangt haben.

1. Zunächst müsste M **etwas erlangt** haben. „Etwas" in diesem Sinne ist jeder Vermögensvorteil. M hat zumindest Besitz an 60 Euro, mithin einen Vermögensvorteil, erlangt.

2. Es müsste eine **Leistung** im Sinne von § 812 I 1 Var. 1 vorliegen. Unter Leistung versteht man die bewusste und zweckgerichtete Mehrung fremden Vermögens. Hier wollte F mit der Übergabe der 60 Euro seiner Verpflichtung aus dem Darlehensvertrag gemäß § 488 I 1 nachkommen. Damit wurde das Vermögen des M gemehrt. Folglich liegt eine Leistung vor.

3. Diese Leistung müsste **ohne Rechtsgrund** geschehen sein. Der Darlehensvertrag zwischen M und F könnte ein Rechtsgrund darstellen. Der Vertrag war zunächst schwebend unwirksam und ist dann durch die fehlende Genehmigung der Eltern des M endgültig unwirksam geworden. Ein Rechtsgrund bestand nie.

4. Problematisch ist, dass M die 60 Euro nicht mehr in Händen hat. Folglich müsste M dem F **Wertersatz nach § 818 II** leisten. Möglicherweise ist M gemäß § 818 III nicht mehr bereichert. Er hat das Geld für das Mauerstück ausgegeben. Dieses Mauerstück hat aber nur einen Wert von 10 Euro. Deshalb ist M nur noch in Höhe von 10 Euro bereichert. An sich müsste M daher (nur) 10 Euro zahlen. Der Gedanke des Minderjährigenschutzes fordert aber, dass M den Bereicherungsanspruch durch Hingabe des erworbenen Gegenstandes abwenden kann.

Im Ergebnis darf daher A (bzw. seine Eltern als Sorgeberechtigte nach §§ 1626, 1629) die Zahlung verweigern, muss aber das Mauerstück an F herausgeben.

Ergebnis: F hat gegen M keinen Anspruch in Höhe von 60 Euro auf Herausgabe des zur Verfügung gestellten Darlehens aus § 812 I 1 Var. 1.

Fall 11

Sachverhalt

Rentnerin R sucht jemanden, der die Gartenarbeit in ihrem großen Garten erledigt. Sie fragt den 16jährigen M, ob er Interesse daran habe. M freut sich über den in Aussicht gestellten Verdienst von 6 Euro/Stunde. Der Zeitaufwand beträgt etwa vier Stunden. Als die Eltern des M von der Sache erfahren, verbieten Sie ihm die Tätigkeit mit dem Argument, M solle seine Zeit lieber dazu nutzen, um sich auf die Schule zu konzentrieren. M ist der Ansicht, er könne mit seiner Arbeitskraft machen, was wolle.

Daher geht er in der folgenden Woche zu R und beginnt seine Tätigkeit, ohne ihr davon zu erzählen, dass die Eltern mit seiner Tätigkeit nicht einverstanden sind. Nach vier Stunden des Rasenmähens, Unkrautjätens und Blumengießens freut sich M auf 24 Euro.

Hat M einen Anspruch auf 24 Euro?

Lösung

Anspruch des M gegen R aus § 631

1. M könnte gegen R einen Anspruch auf Zahlung des Werklohns aus einem Werkvertrag nach § 631 haben.

a) Dazu müsste zwischen R und M ein **Werkvertrag** nach § 631 geschlossen worden sein. Ein Werkvertrag kommt durch zwei korrespondierende Willenserklärungen, Angebot und Annahme, zustande.

b) M und R haben sich darüber **geeinigt**, dass M im Garten der R Gartenarbeit verrichten soll. Fraglich ist, ob es sich bei dieser Übereinkunft um einen Vertrag oder um eine bloße Gefälligkeit handelt. Gegen die Annahme einer Gefälligkeit spricht, dass M für seine Leistung Geld erhalten soll. Folglich liegt **keine Gefälligkeit, sondern ein Rechtsbindungswille** vor, der auf den Abschluss eines Vertrages gerichtet ist.

c) Die Willenserklärung des M könnte allerdings **unwirksam** sein. Schließlich war M mit 16 Jahren minderjährig.

d) Nach § 108 I ist die Willenserklärung eines beschränkt Geschäftsfähigen, die ohne die erforderliche Zustimmung des gesetzlichen Vertreters abgegeben worden ist, grundsätzlich **zunächst schwebend unwirksam**.

aa) M müsste beschränkt geschäftsfähig sein. Nach § 106 ist ein Minderjähriger beschränkt geschäftsfähig, wenn er das 7. Lebensjahr vollendet hat. M ist 16 Jahre alt. Folglich ist er beschränkt geschäftsfähig.

bb) Ferner müsste die Zustimmung des gesetzlichen Vertreters erforderlich sein. Nach § 107 ist die Zustimmung des gesetzlichen Vertreters dann erforderlich, wenn der Minderjährige durch die Willenserklärung **nicht lediglich einen rechtlichen Vorteil** erlangt. Lediglich rechtlich vorteilhaft ist eine Willenserklärung, wenn der Minderjährige seine Rechtsstellung verbessert, ohne gleichzeitig die Minderung oder den Verlust eines Rechtes oder die Entstehung einer Rechtspflicht für sich zu bewirken. Dabei kommt es nicht auf eine wirtschaftliche, sondern auf eine rein rechtliche Beurteilung an.

Vorliegend wird M durch seine Willenserklärung dazu verpflichtet, Gartenarbeit für R zu leisten. Diese Verpflichtung zur Erbringung einer Werkleistung ist ein **rechtlicher Nachteil**. Daher ist das von M abgeschlossene Geschäft nicht lediglich vorteilhaft i.S.v. § 107. Folglich ist die Zustimmung des gesetzlichen Vertreters grundsätzlich erforderlich.

cc) Ausnahmsweise könnte auch eine nicht lediglich rechtlich vorteilhafte Willenserklärung ohne Zustimmung des gesetzlichen Vertreters wirksam sein. Dies ist der Fall, wenn die Voraussetzungen einer der Ausnahmeregelungen der §§ 110, 112 oder 113 eingreifen würden.

dd) Nach § 110 ist die Zustimmung der gesetzlichen Vertreter des M nicht erforderlich, wenn der Minderjährige seine **vertragsgemäße Leistung mit Mitteln bewirkt, die ihm zu diesem Zweck zur freien Verfügung überlassen worden sind**.

aaa) Fraglich ist, die Arbeitskraft eines Minderjährigen ein „Mittel“ im Sinne des § 110 ist.

Der Sinn und Zweck dieser Vorschrift besteht darin, dem Minderjährigen einen überschaubaren Verantwortungsbereich einzuräumen, in dessen Rahmen er selbst Entscheidungen treffen kann. So soll sich der Minderjährige langsam an die Teilnahme am Rechtverkehr gewöhnen. Diese Gewöhnung erreicht man nicht nur dadurch, dass man dem Minderjährigen einen gewissen Umfang von Geldmitteln (**Taschengeld**) zur Verfügung stellt, die dieser frei verantwortlich ausgeben kann, sondern auch dadurch, dass man dem Minderjährigen die Entscheidung über den Einsatz seiner Arbeitskraft zubilligt.

bbb) Also ist die Arbeitskraft des Minderjährigen als ein Mittel im Sinne des § 110 anzusehen. Der Umfang des Einsatzes ist allerdings nicht unbegrenzt. § 110 gestattet nur den eigenverantwortlichen Einsatz von Mitteln, die dem Minderjährigen von seinen Erziehungsberechtigten zur freien Verfügung überlassen worden sind. **Damit § 110 eingreift, darf der Minderjährige die Mittel nicht zu einem Zweck einsetzen, der wesentlichen Erziehungszielen der Eltern zuwiderläuft.**

Im vorliegenden Fall waren die Eltern der Ansicht, dass sich M lieber auf die Schule konzentrieren soll und nicht arbeiten soll. Die Aufnahme der Tätigkeit bei R lief also den Erziehungszielen der Eltern zuwider. Die Eltern haben M keine Zeit überlassen, die er dazu verwenden darf, um zu arbeiten. Der Vertrag kann daher nicht durch eine Bewirkung der Leistung nach § 110 wirksam werden.

c) Die Zustimmung der Eltern war also nach § 107 erforderlich. Die Eltern des M als dessen gesetzliche Vertreter haben dem Vertrag nicht zugestimmt. Sie haben in das Geschäft mangels Kenntnis nicht nach §§ 107 i.V.m. 183 eingewilligt und auch keine Genehmigung nach §§ 108 i.V.m. 184 ausgesprochen. **Folglich ist der Vertrag unwirksam.**

d) M hat gegen R grundsätzlich keinen Anspruch aus § 631.

2. Etwas anderes könnte sich aus der Rechtsfigur des **fehlerhaften Rechtsverhältnisses** ergeben. Nach der Lehre des fehlerhaften Rechtsverhältnisses (früher auch „**faktisches Rechtsverhältnis**“ genannt) wird ein nichtiges Rechtsverhältnis für die Vergangenheit als wirksam betrachtet, wenn bereits Leistungen im Rahmen des Rechtsverhältnisses erbracht wurden und die bereicherungsrechtliche Rückabwicklung der erbrachten Leistung umständlich wäre (bei Dauerschuldverhältnissen). Schließlich tritt oft erst nach Jahren die Unwirksamkeit des Vertrages zutage. Das Faktum der Erfüllung wiegt schwerer als die Unwirksamkeit. Die Unwirksamkeit kann daher nur für die Zukunft geltend gemacht werden. Die Grundsätze des fehlerhaften Rechtsverhältnisses spielen insbesondere bei Arbeitsverträgen und Gesellschaftsverträgen eine Rolle. Vorliegend hat M einmal bei R gearbeitet. Anders als bei einem Arbeitnehmer, der jahrelang Leistungen erbracht hat, stellt sich die Problematik der Schwierigkeit der Rückabwicklung bei M nicht. Ein Werkvertrag ist kein Dauerschuldverhältnis. Also greift die Lehre vom fehlerhaften Rechtsverhältnis nicht ein.

3. Es könnte R nach § 242 **verwehrt** sein, sich auf **die Unwirksamkeit des Werkvertrages zu berufen**. Schließlich hat M bereits seine Leistung in Form von Gartenarbeit erbracht. Die Vorschriften der §§ 104 ff., die den Schutz des Minderjährigen bezwecken, wirken sich im vorliegenden Fall negativ für den Minderjährigen aus. Dieser hätte seine Leistung erbracht, ohne eine Gegenleistung zu erlangen.

a) Man könnte daher überlegen, ob wegen § 242 R und M so zu stellen sind, als wenn ein wirksamer Vertrag geschlossen worden wäre.

aa) Fraglich ist, ob ein vertraglicher Anspruch des M zu dessen Schutz nötig ist. Möglichweise steht M ein Anspruch gegen R aus Bereicherungsrecht, nämlich aus § 812 I 1 Var. 1 zu. R hat durch die Gartenarbeit des M, einen Vermögensvorteil, erlangt. Diesen Vorteil erhielt sie durch eine bewusste und zweckgerichtete Mehrung ihres Vermögens durch M. M hat diese Leistung auch ohne rechtlichen Grund erbracht. **Ihm steht daher ein Anspruch auf Wertersatz für seine Leistung nach § 818 II zu.**

bb) Dieser bereicherungsrechtliche Anspruch ist allerdings mit Risiken behaftet. Der Minderjährige würde nämlich das Risiko des Wegfalls der Bereicherung nach § 818 III tragen. **Diese Rechtsfolge würde dem Schutzzweck der §§ 104 ff. nicht gerecht.** Unter Beachtung des Normzwecks des Minderjährigenrechts verbleibt es daher zwar bei der Unwirksamkeit des Vertrages. Hinsichtlich der bereits erbrachten Leistung kann sich der Geschäftspartner des Minderjährigen allerdings nicht auf die Unwirksamkeit des Vertrages berufen. Er würde sich ansonsten mit seinem eigenen früheren Verhalten in Widerspruch setzen (venire contra factum proprium).

Nach § 242 kann sich R damit nicht auf die Unwirksamkeit des Vertrages berufen. Sie schuldet M 24 Euro.

Ergebnis: M hat gegen R einen Anspruch auf 24 Euro aus §§ 631 i.V.m. 242.

Fall 12

Sachverhalt

Der sechsjährige Hans Quentin (H) mag leidenschaftlich gerne Raketen. Als er bei seiner ebenfalls sechsjährigen Schulkameradin Sylvia zu Besuch ist, entdeckt er das Bilderbuch „Mit der Rakete zum Mond“ von Haberzettel. H will das Buch unbedingt haben und bietet S im Gegenzug seinen Bagger, den er bei sich hat. S geht auf das Geschäft ein. Er lässt den Bagger bei S zurück und geht glücklich mit dem Buch nach Hause.

Hat S Herausgabeansprüche gegen H?

Lösung

Anspruch der S gegen H aus § 985

1. S könnte gegen H einen Anspruch auf Herausgabe des Buches aus § 985 haben.

2. Dazu müsste S Eigentümerin des Buches und H unberechtigter Besitzer sein.

a) Fraglich ist, ob S Eigentümerin ist. Ursprünglich war S Eigentümerin. Sie könnte ihr Eigentum indes durch **Übereignung** an H nach § 929 S. 1 verloren haben. Eine Übereignung nach § 929 S. 1 setzt eine dingliche Einigung, eine Übergabe, das Einigsein bei Übergabe und die Berechtigung des Verfügenden voraus.

aa) H und S müssten sich dinglich über den Eigentumsübergang am Buch geeinigt haben. **Die dingliche Einigung ist ein Vertrag, der durch zwei korrespondierende Willenserklärungen, nämlich Angebot und Annahme zustande kommt.** H und S waren sich darüber einig, dass das Buch in Zukunft H gehören sollte.

Die Willenserklärung der S oder des H könnten allerdings nach § 105 unwirksam sein.

bb) Eine Willenserklärung ist nach § 105 unwirksam, wenn sie von einem Geschäftsunfähigen abgegeben worden ist. **Geschäftsunfähig ist nach § 104 Nr.1, wer das siebente Lebensjahr noch nicht vollendet hat.** S und H sind beide sechs Jahre alt. Sie haben damit das siebente Lebensjahr noch nicht vollendet. Daher sind sie geschäftsunfähig nach § 104 Nr. 1. Folglich sind ihre Willenserklärungen nach § 105 nichtig.

cc) Es liegt keine wirksame dingliche Einigung vor. Also ist das Buch nicht nach § 929 S. 1 übereignet worden. Mithin ist S immer noch Eigentümerin des Buches.

b) H müsste Besitzer des Buches sein. Fraglich ist, ob H als Geschäftsunfähiger Besitzer einer Sache sein kann. **Besitz ist die vom natürlichen Willen getragene Herrschaft über eine Sache.** Aufgrund des tatsächlichen Näheverhältnisses zum Buch, das H mit nach Hause nahm, hat er die Sachherrschaft inne. Er müsste auch einen natürlichen Besitzwillen haben. Für den Besitzwillen ist die Geschäftsfähigkeit keine Voraussetzung. Für den natürlichen Besitzwillen genügt es, dass der Wille des Betreffenden sich **auf die tatsächliche Sachherrschaft insofern ausrichten kann**, dass es ihm möglich ist, eine dauerhafte und feste Beziehung zu der Sache herzustellen. H ist sechs Jahre alt, und er kann feste Beziehung zu Sachen herstellen. H ist mit einem natürlichen Besitzwillen hinsichtlich des Buches ausgestattet. Folglich hat H Besitz an dem Buch.

c) H dürfte nach § 986 I 1 kein Recht zum Besitz haben. Ein Recht zum Besitz des Buches ergäbe sich, wenn ein wirksamer Tausch nach § 480 vorläge. Ein Tauschvertrag setzt **zwei korrespondierende Willenserklärungen** voraus. H und S haben sich darüber geeinigt, dass sie das Buch gegen den Bagger tauschen wollen. Ihre Willenserklärungen waren allerdings nichtig nach §§ 105, 104 Nr. 1. Folglich liegt kein wirksamer Tauschvertrag vor.
Also hat H kein Recht zum Besitz.

Ergebnis: S hat gegen H einen Anspruch auf Herausgabe des Buches aus § 985.

II. Anspruch der S gegen H aus § 812 I 1 Var. 1

1. S könnte gegen H einen Anspruch auf Herausgabe des Buches aus § 812 I 1 Var. 1 haben.

2. Dazu müsste H etwas durch Leistung des S ohne rechtlichen Grund erlangt haben.

a) H müsste zunächst **etwas erlangt** haben. „Etwas" in diesem Sinne ist jeder Vermögensvorteil. H hat zwar kein Eigentum, aber Besitz an dem Buch erlangt. Die Erlangung des Besitzes ist ein Vermögensvorteil. Folglich hat H etwas erlangt.

b) Es müsste eine **Leistung** im Sinne von § 812 I 1 Var. 1 vorliegen. Unter Leistung versteht man die bewusste und zweckgerichtete Mehrung fremden Vermögens. Hier wollte S mit der Übergabe des Buches ihrer Verpflichtung aus dem Tauschvertrag gemäß § 480 nachkommen. Sie wollte das Vermögen des H bewusst und zweckgerichtet mehren. Folglich liegt eine Leistung vor.

c) Diese Leistung müsste **ohne Rechtsgrund** geschehen sein. Der Tauschvertrag zwischen H und S war infolge der Geschäftsunfähigkeit der beiden nicht wirksam. Er kann also keinen Rechtsgrund darstellen. Ein anderer Rechtsgrund ist nicht ersichtlich.

3. Folglich hat H den Besitz am Bagger durch Leistung der S rechtsgrundlos erlangt. Er ist damit zur Herausgabe des Erlangten nach § 818 I verpflichtet.

Ergebnis: S hat einen Anspruch gegen H auf Herausgabe des Buches aus § 812 I 1 Var. 1

III. Anspruch der S gegen H aus § 1007 I
S könnte gegen H einen Anspruch auf Herausgabe des Buches aus § 1007 I haben.

1. Nach dieser Vorschrift kann jemand, der eine bewegliche Sache im Besitz hatte, die Herausgabe verlangen, wenn der neue Besitzer bei Besitzerwerb nicht in gutem Glauben war.

2. Ursprünglich war S Besitzerin des Buches.

3. H, der momentan das Buch besitzt, dürfte bei Besitzerwerb nicht in gutem Glauben gewesen sein. **Nicht in gutem Glauben hinsichtlich des Besitzerwerbs ist, wer weiß, dass er keinen rechtmäßigen Besitz erlangt hat oder wem dies infolge von Fahrlässigkeit unbekannt war (vgl. § 932 II).** H wusste nicht, dass er keinen rechtmäßigen Besitz an dem Buch erlangt hat. Ihm war diese Tatsache auch nicht aufgrund von Fahrlässigkeit unbekannt. Also war H gutgläubig.

Ergebnis: S hat keinen Anspruch gegen H auf Herausgabe des Buches aus § 1007 I.

IV. Anspruch der S gegen H aus § 1007 II

S könnte gegen H einen Anspruch auf Herausgabe des Buches aus § 1007 II haben.

1. Nach dieser Vorschrift kann ein früherer Besitzer Herausgabe einer Sache auch von einem gutgläubigen Besitzer verlangen, wenn ihm die Sache gestohlen wurde oder verloren ging oder sonst abhanden kam. Der Anspruch ist ausgeschlossen, wenn der neue Besitzer Eigentümer der Sache ist oder ihm die Sache vor der Besitzzeit des früheren Besitzes abhanden gekommen war.

2. Ursprünglich war S Besitzerin des Buches.

3. H, der momentan das Buch besitzt, war beim Besitzerwerb gutgläubig. S müsste die Sache gestohlen worden oder abhanden gekommen sein. S hat den Besitz an dem Buch willentlich an H übertragen. Ihr ist die Sache nicht abhanden gekommen.

Ergebnis: S hat keinen Anspruch gegen H auf Herausgabe des Buches aus § 1007 II.

Fall 13

Sachverhalt

T schenkt ihrer 15jährigen Nichte N ohne Einwilligung von deren Eltern ein Grundstück mit Einfamilienhaus, das mit einer Hypothek belastet und außerdem vermietet ist. Das Schenkungsversprechen wird notariell beurkundet. Es erfolgt eine dingliche Einigung. Wenig später wird N im Grundbuch eingetragen. Damit ist N verpflichtet, Grundsteuern und Anliegerbeiträge zu entrichten. Sind Schenkungsversprechen und dingliche Einigung wirksam? (Auf eine möglicherweise zu zahlende Schenkungssteuer durch N ist nicht einzugehen.)

Lösung

I. Wirksamkeit des Schenkungsversprechens nach § 516 I 1

Fraglich ist, ob das Schenkungsversprechen zwischen T und N wirksam ist. N ist gemäß § 106 i.V.m. § 2 als 15jährige nur beschränkt geschäftsfähig.

1. Grundsätzlich hängt nach § 108 I die Wirksamkeit einer ohne die erforderliche Einwilligung der gesetzlichen Vertreter abgegebenen Erklärung **von der Genehmigung des gesetzlichen Vertreters** ab. Dies gilt auch bei der Abgabe einer Willenserklärung, die auf ein Schenkungsversprechens gerichtet ist. Eine Einwilligung der Eltern, die nach §§ 1626, 1629 gesetzliche Vertreter sind, liegt nicht vor.

Fraglich ist, ob die Einwilligung der gesetzlichen Vertreter der N erforderlich war. Eine Einwilligung ist nicht erforderlich, wenn dem Minderjährigen aus dem Geschäft kein rechtlicher Nachteil erwächst (§ 107).

2. Ein Schenkungsversprechen ist ein einseitig verpflichtender Vertrag. Hier wird allein T verpflichtet. N ist Begünstigte. Damit liegt ein lediglich rechtlicher Vorteil vor.

Problematisch ist jedoch, dass N **als Grundstückseigentümerin Steuern und Anliegerbeiträge zu entrichten hat**. Diese Verpflichtung entsteht aber nicht schon mit Abschluss des Kausalgeschäfts (des Schenkungsversprechens), sondern erst nach vollzogener Eigentumsübertragung. Der Vertrag hat somit für N lediglich einen rechtlichen Vorteil.

3. Die für die Schenkung eines Grundstücks erforderliche Form der notariellen Beurkundung (§§ 518 I 1, 311 b I 1) wurde beachtet.

Ergebnis: Das Schenkungsversprechen zwischen T und N ist wirksam.

II. Wirksamkeit des dinglichen Einigungsvertrages

Fraglich ist, ob der zwischen T und N geschlossene dingliche Einigungsvertrag wirksam ist.

1. Hier stellt sich die Frage, wie die Grundsteuern und die Anliegerbeiträge, die jeder Grundstückseigentümer zu entrichten hat, einzuordnen sind. Diese **öffentlich-rechtlichen Verpflichtungen** des Erwerbers könnten aufgrund der dadurch entstehenden Pflichten rechtlich nicht vorteilhaft nach § 107 sein. Dann läge eine schwebende Unwirksamkeit bezüglich des dinglichen Vollzugsgeschäfts nach § 108 I vor.

Allerdings stellen die öffentlich-rechtlichen Verpflichtungen keine unmittelbare Folge des Erwerbsaktes **dar. Der Schutzbereich des § 107 umfasst aber nur derartige unmittelbare rechtliche Nachteile.** Würde man auch mittelbare Nachteile mit einbeziehen, gäbe es praktisch kaum noch Rechtsgeschäfte, die zustimmungsfrei wären. Damit hindern die öffentlich-rechtlichen Verpflichtungen die Wirksamkeit des dinglichen Einigungsvertrages nicht.

2. Möglicherweise ist aber die Belastung des Grundstücks durch eine Hypothek rechtlich nicht vorteilhaft. Der Eigentümer eines Grundstücks haftet nicht persönlich bei einer Inanspruchnahme der Hypothek, sondern nur mit dem Grundstück. **Es kann allein die Duldung der Zwangsvollstreckung in das Grundstück nach § 1147 drohen.** Im schlechtesten Fall führt das dazu, dass sich das Geschäft als rechtlich neutral erweist, wenn nämlich die Hypothek den Wert des Grundstücks übersteigt bzw. wenn diese im Wert gleich sind. Entgegen dem Wortlaut des § 107 ist aber nicht der rechtliche Vorteil ausschlaggebend, sondern es ist primär darauf abzustellen, ob der Minderjährige einen rechtlichen Nachteil erfährt. Ein solcher Nachteil ist bei rechtlich neutralen (indifferenten) Geschäften aber gerade zu verneinen.

3. Allerdings ist das Einfamilienhaus vermietet. Ein rechtlicher Nachteil könnte sich aufgrund der Vorschrift des § 566 ergeben. § 566 regelt, dass ein

Übergang des Eigentums an einer vermieteten Sache die Vermietung unberührt lässt. Das Mietverhältnis bleibt also bestehen mit dem Unterschied, dass der neue Eigentümer in die Vermieterstellung des alten Eigentümers eintritt. Indem N Eigentümerin wird, würde sie damit automatisch Vermieterin. **Als Vermieterin hat sie zahlreiche rechtliche Pflichten.** Diese Pflichten begründen rechtliche Nachteile. Wegen der aus § 566 resultierenden Verpflichtungen ist die Schenkung einer vermieteten Sache nicht lediglich rechtlich vorteilhaft

Ergebnis: Folglich ist der zwischen N und T geschlossene dingliche Einigungsvertrag nicht wirksam.

Auch trotz der bereits vollzogenen Eintragung in das Grundbuch konnte N nach §§ 873 I, 925 I nicht Eigentümerin des Grundstücks werden.

Anfechtung

Anfechtungsgründe

Erklärungsirrtum (§ 119 I Var. 2)	Der Erklärende weiß nicht, was er erklärt (er verschreibt sich, verspricht sich).
Inhaltsirrtum (§ 119 I Var. 1)	Der Erklärende weiß, was er sagt, er weiß aber nicht, was er *damit* sagt (er stellt sich unter dem Erklärten also etwas anderes vor).
Eigenschaftsirrtum (§ 119 II)	Erklärende irrt sich über verkehrswesentlich Eigenschaften einer Person oder Sache. Eigenschaften sind alle tatsächlichen oder rechtlichen Merkmale einer Person oder Sache, die auf ihre Wertschätzung Einfluss haben, also alle wertbildenden Faktoren und Verhältnisse. Eine Eigenschaft ist verkehrswesentlich, wenn sie bei Abstellen auf den typischen wirtschaftlichen Zweck des Geschäfts objektiv erheblich ist.
Anfechtung wegen falscher Übermittlung (§ 120)	Eine Erklärung wird unbewusst unrichtig durch einen Boten übermittelt.
Anfechtung wegen arglistiger Täuschung oder widerrechtlicher Drohung (§ 123)	Der Geschäftspartner erschleicht (Täuschung) oder erzwingt (Drohung) eine Erklärung.

Voraussetzungen der Anfechtung nach §§ 142 ff.

1. Willenserklärung oder geschäftsähnliche Handlung.

2. Anfechtungserklärung gegenüber dem Anfechtungsgegner (§ 143 I).

3. Anfechtungsgrund:

    a) Inhaltsirrtum (§ 119 I Var. 1) oder

    b) Erklärungsirrtum (§ 119 I Var. 2) oder

    c) Eigenschaftsirrtum (§ 119 II) oder

    d) Falsche Übermittlung (§ 120) oder

    e) Arglistige Täuschung (§ 123 I Var. 1) oder widerrechtliche Drohung (§ 123 I Var. 2)

4. Wahrung der Anfechtungsfrist

    nach § 121 I 1: unverzüglich (in den Fällen der §§ 119 und 120) bzw.

    nach § 124: ein Jahr (in den Fällen des § 123 I)

Anspruch auf Ersatz des Vertrauensschadens nach § 122

1. Angefochtene (§ 142 I i.V.m. §§ 119 oder 120) Willenserklärung oder nach § 118 nichtige Willenserklärung.

2. Vertrauen auf die Gültigkeit der Erklärung.

3. Der Anspruchssteller darf den Grund der Anfechtung (bei § 119) oder die Nichtigkeit (bei § 118) nicht kennen oder kennen müssen (§ 122).

4. Rechtsfolge: Ersatz des Vertrauensschadens (negatives Interesse) bis zur Grenze des Erfüllungsinteresses (positives Interesse), § 122 I.

Fall 14

Sachverhalt

Der Inhaber V des Modegeschäfts „Herr Lingen“ hat zwei Damenkostüme im Schaufenster ausgestellt. Das braune Damenkostüm „Gertrud“ kostet 120 Euro, das blaue Damenkostüm „Tia“ kostet 220 Euro. K benötigt dringend ein braunes Kostüm, betritt daher den Laden und sagt zu V: „Ich nehme das braune Damenkostüm aus dem Schaufenster“. Nach entsprechender Anprobe entschließt sich K zum Kauf. Sie bittet V, das Kostüm einzupacken. Da sie noch zur Maniküre müsse, würde sie das Kostüm im Laufe des Nachmittags abholen. V ist mit alledem einverstanden.

Auf ihrem Weg zur Maniküre entdeckt K das gleiche braune Kostüm im Schaufenster des G für 180 Euro. K freut sich daher über ihr „Schnäppchen“ bei V. Als sie am Nachmittag das Kostüm abholen will, erklärt V, er habe die Preisschilder im Schaufenster vertauscht. Das braune Kostüm koste 220 Euro. K weigert sich, diesen Preis zu zahlen. V weigert sich, das Kostüm für 120 Euro herauszugeben. K verlässt daraufhin den Laden und geht zu G. Dort muss sie erfahren, dass das ausgestellte Kostüm ein Einzelstück war und vor drei Minuten verkauft worden ist. K bleibt nichts anderes übrig, als in der Boutique B ein Kostüm für 230 Euro zu erwerben.

V verlangt von K Zahlung der 220 Euro. K will dagegen von V die 110 Euro, die sie bei B mehr bezahlt habe. Wie ist die Rechtslage?

Lösung

Erster Teil: Ansprüche des V gegen K

Anspruch des V gegen K auf Zahlung von 220 Euro aus § 433 II

V könnte gegen K einen Anspruch auf Zahlung von 220 Euro für das braune Kostüm aus § 433 II haben.

I. Dazu bedarf es zunächst des Abschlusses eines Kaufvertrages. Dafür sind zwei korrespondierende Willenserklärungen, Angebot und Annahme, notwendig.

1. Zunächst bedarf es eines **Angebotes**. Ein Angebot enthält eine an eine andere Person gerichtete Erklärung, eine bestimmte Sache zu einem bestimmten Preis von dem Adressaten zu kaufen oder an diesen zu verkaufen. Weiterhin muss sich aus der Erklärung ein Bindungswille ergeben. Diese Erklärung muss nicht wörtlich, sondern kann auch durch tatsächliches Verhalten abgegeben werden.

a) Im Ausstellen des braunen Kostüms im Schaufenster des V könnte ein **Angebot zum Abschluss eines Kaufvertrages** nach § 145 liegen. In der Schaufensterauslage wird deutlich, dass V das dort ausgestellte braune Kostüm zu einem bestimmten Preis anbietet. Es könnte jedoch am Bindungswillen mangeln. Ein Geschäftsinhaber will sich nicht gegenüber jedem verpflichten, der ihm gegenüber den Willen zum Kauf erklärt. Er will nur Verträge in der Zahl abschließen, als Waren dieser Art vorhanden sind. Damit ist die Ausstellung einer Ware im Schaufenster lediglich eine „**invitatio ad offerendum**", also eine Aufforderung, ein Angebot abzugeben. Ein Angebot gemäß § 145 liegt nicht vor.

b) Ein Angebot könnte in der **Äußerung** der K liegen, sie „nehme das braune Damenkostüm aus dem Schaufenster". Anschließend erfolgt aber eine Anprobe. Erst nachdem diese Anprobe erfolgreich war, entschließt sich K zum Kauf. Folglich liegt in der Äußerung der K kein Angebot nach § 145.

c) Schließlich könnte ein Angebot der K darin liegen, dass sie V bittet, das Kostüm für sie einzupacken. **Diese Äußerung ist nach § 133 so auszulegen,** dass K genau dieses Kostüm kaufen möchte. Ein Bindungswille liegt also vor. Auch der Kaufgegenstand (das braune Kostüm) und der Vertragspartner (V) sind benannt. Fraglich ist, welches Angebot K über den Kaufpreis gemacht hat.

K hat bei ihrer Äußerung, V solle das Kostüm bitte einpacken, keinen Preis genannt. **Ihre Erklärung ist mit Rücksicht auf ihren Willen aus der Sicht eines vernünftigen Empfängers nach §§ 133, 157 auszulegen.** Danach ist eindeutig, dass sich K bei dem Kostüm auf die Schaufensterauslage bezog. Dort war das Kostüm mit 120 Euro taxiert. Von diesem Preis geht K bei ihrem Angebot nach § 145 aus.

2. Weiterhin bedarf es einer Annahme durch V. Die Annahme ist eine empfangsbedürftige Willenserklärung, durch die der Empfänger vorbehaltlos in den ihm angebotenen Vertragsabschluss einwilligt.

a) V hat nicht ausdrücklich die Annahme erklärt. Er zeigte sich jedoch damit einverstanden, das Kostüm einzupacken und für K zu verwahren. Dieses Verhalten kann nach dem objektiven Empfängerhorizont des §§ 133, 157 als Annahme verstanden werden.

b) Fraglich ist jedoch, **welchen Kaufpreis V seiner Annahme zugrunde gelegt** hat. Er hatte die Preisschilder im Schaufenster vertauscht. Das bedeutet, dass er davon ausging, dass das braune Kostüm 220 Euro kosten würde. Bei einer Willenserklärung, mit der ein Angebot angenommen werden soll, kommt es nicht auf die innere Einstellung des Erklärenden, sondern auf den objektiven Empfängerhorizont an. **Maßgeblich ist dabei, wie ein redlicher Erklärungsempfänger die Erklärung unter Berücksichtigung von Treu und Glauben und mit Rücksicht auf die Verkehrssitte verstehen musste (normative Auslegung).** Die an K gerichtete Annahmeerklärung ist also so auszulegen, wie sie K unter Berücksichtigung aller Umstände verstehen durfte. K ging aufgrund der Auslage im Schaufenster von einem Preis von 120 Euro aus. Dies ist Teil ihres Angebots. V geht auf dieses Angebot ein. Inwieweit er innerlich von einem anderen Preis ausging, ist, wie das Institut der Anfechtung wegen Inhaltsirrtums oder Erklärungsirrtums nach § 119 zeigt, zunächst unerheblich.

Folglich haben K und V einen Kaufvertrag über das braune Kostüm in Höhe von 120 Euro abgeschlossen.

II. Der Kaufvertrag könnte jedoch durch eine Anfechtung des V nach § 142 I ex tunc unwirksam sein. Eine wirksame Anfechtung setzt eine Anfechtungserklärung gegenüber dem richtigen Anfechtungsgegner, einen Anfechtungsgrund und die Wahrung der Anfechtungsfrist voraus.

1. Zunächst müsste V die Anfechtung **gegenüber K erklärt** haben. V weigert sich, das Kostüm für 120 Euro an S herauszugeben. Er erklärt K, dass die Preisschilder im Schaufenster vertauscht waren. Diese Erklärung enthält nicht den Begriff „Anfechtung“, ist aber als solche auszulegen und K als richtiger Anfechtungsgegnerin gemäß § 143 II zugegangen.

2. Weiterhin bedürfte es eines **Anfechtungsgrundes**. In Betracht kommt ein **Inhaltsirrtum** nach § 119 I Var. 1. Bei einem Irrtum über den Erklärungsinhalt will der Erklärende zwar die Erklärung in ihrer tatsächlichen Form abgeben. Er wollte ihr aber einen anderen Inhalt geben und irrt dementsprechend über

Tragweite und Bedeutung seiner Erklärung. Es fallen also der objektive Erklärungswert der Erklärung und die subjektive Vorstellung des Erklärenden auseinander. V ging von einem Kaufpreis von 220 Euro aus. Seine Annahme erklärte er aber, aus Sicht des Empfängerhorizontes, über 120 Euro. **Damit stimmen die subjektive Vorstellung des V und der objektive Gehalt seiner Erklärung nicht überein.** Es liegt ein Inhaltsirrtum nach § 119 I Var. 1 vor. Folglich ist ein Anfechtungsgrund gegeben.

3. Weiterhin müsste V die **Anfechtungsfrist** nach § 121 eingehalten haben. Danach muss die Anfechtung unverzüglich nach Kenntnis des Anfechtungsgrundes erklärt werden. Nachdem V seinen Fehler bei der Preisbezeichnung der Kostüme im Schaufenster bemerkt hat, informiert er K ohne schuldhaftes Zögern sofort nach deren Rückkehr. Damit hat V die Anfechtungsfrist nach § 121 eingehalten.

Durch die erfolgreiche Anfechtung des V ist der Kaufvertrag ex tunc nach § 142 I unwirksam.

Ergebnis: V hat gegen K keinen Anspruch auf Zahlung von 220 Euro für das braune Kostüm aus § 433 II.

Zweiter Teil: Ansprüche der K gegen V

I. Anspruch der K gegen V auf Lieferung des Kostüms aus § 433 I

Ein Anspruch der K gegen V aus § 433 I auf Übergabe des Kostüms und Eigentumsverschaffung daran besteht mangels eines wirksamen Kaufvertrages (siehe Erster Teil) nicht.

II. Anspruch der K gegen V auf Zahlung von Schadensersatz aus § 122 I

K könnte gegen V einen Anspruch auf Schadensersatz aus § 122 I haben.

1. Dazu bedürfte es einer erfolgreichen Anfechtung des V nach § 119. V hat den Kaufvertrag über das braune Kostüm mit K nach § 119 I Var. 1 angefochten (siehe Erster Teil). Damit liegt die Voraussetzung des § 122 I vor.

2. Als Rechtsfolge sieht § 122 einen Schadensersatzanspruch vor. Dieser erfasst das negative Interesse der K (Vertrauensschaden). K ist so zu behandeln, als wäre der Vertrag nicht geschlossen worden. Sie ist also so zu stellen, wie sie stünde, wenn sie von dem Geschäft mit V nie etwas gehört hätte. In diesem Fall hätte K ein gleiches braunes Kostüm bei G für 180 Euro gekauft. Diese Möglichkeit, auf die sie auf dem Weg zur Maniküre aufmerksam wurde, ist ihr durch das Vertrauen auf den Vertragsschluss mit V entgangen. Wenn K das braune Kostüm bei G für 180 Euro gekauft hätte, nun aber tatsächlich bei B 230 Euro aufwenden musste, ist ihr Vertrauensschaden die Differenz zwischen diesen beiden Werten, also 50 Euro.

[**Anmerkung**: Es ist falsch, den Ersatzanspruch auf 110 Euro zu beziffern (Differenz zwischen den geplanten 110 Euro bei V und den tatsächlich ausgegebenen 230 Euro bei B), denn das wäre das *positive* Interesse der K (auch *Erfüllungsinteresse* genannt). Hier ist aber davon auszugehen, wie K stünde, wenn sie niemals von V gehört hätte (*negatives* Interesse oder *Vertrauensschaden*). Dann hätte K das Kostüm bei G für 180 Euro gekauft, da sie ja – so der Sachverhalt – dringend ein Kostüm brauchte. Dass sie das Kostüm nicht bei G gekauft hat, sondern später bei B kaufen musste, hängt mit V zusammen, der ja ursprünglich eine Annahme über 120 Euro erklärt hatte. Also ist V nur für die Differenz von 50 Euro „verantwortlich".]

Fraglich ist, ob K eine Schadensminderungspflicht **nach dem Rechtsgedanken des § 254 (Mitverschulden) trifft**. Denn K hätte das braune Kostüm nicht bei B für 230 Euro, sondern bei V für 220 Euro (den tatsächlichen Preis) kaufen können. Damit wäre ihr Vertrauensschaden um 10 Euro geringer gewesen. **Es ist ein Prinzip des Bürgerlichen Rechts, dass man den Schaden so gering wie möglich halten muss.** Allerdings war es K nicht zuzumuten, nach ihren schlechten Erfahrungen mit V zu ihm zurückzukehren und nochmals einen Kaufabschluss zu versuchen. Eine Schadensminderungspflicht nach dem Rechtsgedanken des § 254 scheidet daher im vorliegenden Fall aus (andere Ansicht vertretbar, wenn man darauf abstellt, dass es sich um Massenware handelt und ein Kauf bei V daher zumutbar erscheint).

Ergebnis: K hat gegen V einen Anspruch auf Schadensersatz aus § 122 I in Höhe von 50 Euro.

Fall 15

Sachverhalt

Der Galerieinhaber Andrej Andrejwitsch Andropsoff (A) in Magdeburg wollte dem Kunstsammler Richie Rich (R) aus USA drei Gemälde des Malers Sigismund Sülzheimer verkaufen. Im schriftlichen Angebot waren eingangs die einzelnen Bilder mit dem jeweiligen Einzelpreis, nämlich das Bild „Das weiße Rössl im Morgenrot“ für 5.000 Euro, das Bild „Das schwarze Rössl im Abendrot“ für 3.000 Euro sowie das Bild „Kanzler beim Mittagbrot“ für 1.800 Euro, aufgeführt, als auch der Gesamtbetrag genannt. Da sich Andropsoff jedoch bei der Berechnung der Gesamtsumme verrechnet hatte, lautete das Gesamtangebot fälschlicherweise auf 8.800 Euro. Kurz nachdem Rich das Gesamtangebot angenommen hatte, bemerkte der Galerist seinen Rechenfehler und erklärte deshalb sofort gegenüber Rich die Anfechtung. Dieser besteht jedoch auf Übergabe und Übereignung der Bilder zum Preis von 8.800 Euro. Zu Recht?

Lösung

R könnte gegen A einen Anspruch auf Übereignung und Übergabe der Bilder gemäß § 433 I 1 Zug um Zug gegen Kaufpreiszahlung haben.

A. Wirksamer Kaufvertrag

Dazu müsste zwischen A und R ein wirksamer Kaufvertrag geschlossen worden sein.

I. A hat ein **Angebot** abgegeben. Objektiv wollte er die Bilder zu einem Gesamtpreis von 8.800 Euro verkaufen, subjektiv wollte er den richtigen Gesamtpreis in Höhe von 9.800 Euro verlangen. Wie § 119 I zeigt, berührt diese Divergenz nicht die Wirksamkeit des Angebots.

II. R hat das Angebot **angenommen**, und zwar mit einem subjektiven wie objektiven Erklärungsinhalt von 8.800 Euro.

III. Allerdings müssen die Willenserklärungen auch **übereinstimmen**.

1. Grundsätzlich gilt der Vertrag mit dem Inhalt der sich deckenden objektiven Erklärungstatbestände, also mit einem Kaufpreis von 8.800 Euro.

2. Ausnahmsweise ist jedoch das **subjektiv Gewollte vorrangig**, wenn Erklärender und Erklärungsempfänger dasselbe meinen (**sog. falsa demonstratio**) oder der Erklärungsempfänger wenigstens erkannt hat, was der Erklärende in Wirklichkeit wollte (**sog. erkannte Irrung**).

3. Hier könnte ein Fall der erkannten Irrung vorliegen, zumal A dem R vorher die Einzelpreise genannt hatte. Dazu müsste R aber wirklich positive Kenntnis davon gehabt haben, dass A sich verrechnet hat und nur für 9.800 Euro verkaufen wollte. Da R jedoch vorliegend möglicherweise von einem bewussten Preisnachlass des A ausgegangen ist, steht nicht fest, dass er den Irrtum erkannt hat. Der Vertragsschluss gilt daher mit dem Inhalt der objektiven Erklärungstatbestände.

IV. A und R haben sich somit über einen Kauf zum Gesamtpreis von 8.800 Euro geeinigt.

B. Anspruch erloschen

Der Anspruch könnte jedoch ex tunc durch Anfechtung des A erloschen sein (§ 142 I).

I. Dann müsste zunächst eine **Anfechtungserklärung** vorliegen (§ 143 I). Das ist der Fall. Da A zudem gegenüber R angefochten hat, erfolgte die Erklärung gemäß § 143 II auch gegenüber dem richtigen Anfechtungsgegner.

II. Es müsste ein **Anfechtungsgrund** vorliegen.

1. Zunächst könnte ein **Erklärungsirrtum** gemäß § 119 I 2. Var. in Betracht kommen. Dann müsste A sich bei der Abgabe seiner Willenserklärung versprochen oder verschrieben haben. Hier allerdings hat sich A im Stadium der Willensbildung, also vor Abgabe des Angebots, verrechnet. Ein Fall des § 119 I 2. Var. liegt daher nicht vor.

2. Es könnte aber ein **Inhaltsirrtum** in Form eines **Kalkulationsirrtums** gemäß § 119 I 1. Var. vorliegen. Problematisch ist auch hier, dass der Irrtum bei der Willensbildung erfolgt ist. Für die Frage der Beachtlichkeit eines Kalkulationsirrtums ist zwischen verdecktem und offenem Kalkulationsirrtum zu unterscheiden.

a) Bei einem **verdeckten Kalkulationsirrtum** wird nur das Ergebnis der falschen Berechnung mitgeteilt. Der Fehler in der Kalkulationsgrundlage ist damit ein reiner Motivirrtum, der unstreitig nicht zur Anfechtung berechtigt.

b) Beim **offenen Kalkulationsirrtum** ist die Berechnung dem Geschäftspartner erkennbar, weil sie zum Gegenstand der Vertragsverhandlungen gemacht wurde. Hier liegt ein offener Kalkulationsirrtum vor. Umstritten ist, ob dies als Inhaltsirrtum zur Anfechtung berechtigt.

aa) Nach **einer Auffassung** ist dies abzulehnen, da sonst die Gefahr einer Aufweichung der grundsätzlichen Grenzziehung zwischen Motivirrtum einerseits und Inhalts- bzw. Erklärungsirrtum andererseits besteht. Nach dieser Auffassung ist stattdessen ein sachgerechtes Ergebnis über § 313 zu suchen.

bb) Nach **herrschender Meinung**[2] liegt hingegen ein Inhaltsirrtum vor, da die Mitteilung der Kalkulation quasi zum Inhalt der Erklärung gemacht werde. Daher liege ein Fall des erweiterten Inhaltsirrtums vor.

cc) Der herrschenden Meinung ist zu folgen, da es wertungsmäßig keinen Unterschied macht, ob sich jemand nach richtiger Preisberechnung beim Schreiben des Angebots auf der Schreibmaschine vertippt oder sich schon vorher bei der Preisberechnung auf der Rechenmaschine vertippt. Es liegt daher ein beachtlicher Inhaltsirrtum gemäß § 119 I 1. Var. vor.

III. Die Frist des § 121 I ist eingehalten worden.

C. Ergebnis

Somit hat A wirksam den Kaufvertrag wirksam angefochten. Ein Anspruch des R aus § 433 I 1 besteht nicht.

---

[2] **Hinweis:** An manchen Universitäten wird es nicht gerne gesehen, wenn man in der Klausur von „herrschender Meinung“ schreibt. Entscheidend sei die Nachvollziehbarkeit der Meinung und nicht, ob sie herrschend sei.

Fall 16

Sachverhalt

K möchte das Richterskript „Staatsrecht I" in einer seltenen Erstauflage erwerben. In einem Antiquariat trifft er V, einen als Angestellten des Großhändlers G ausgewiesenen Verkäufer. Schon des Öfteren hat V für G juristische Bücher verkauft, V ist dazu auch bevollmächtigt. Nach einem längeren Gespräch erläutert V einen von ihm vorbereiteten schriftlichen Vertrag, der den Erwerb eines Exemplars der Erstauflage des Richterskripts „Staatsrecht I" von G zum Preis von 75 Euro beinhaltet. Die Frage des K, ob das Buch gut erhalten sei, bejahte V, obwohl er genau wusste, dass der Text an vielen Stellen unterstrichen ist und zahlreiche Eselsohren vorhanden sind. G weiß von diesen Verkaufspraktiken des V nichts.

K hält den Preis für äußerst günstig und unterzeichnet den Vertrag. Obwohl K nur ein Exemplar bestellen möchte, schreibt er auf dem Vertragsvordruck in die Rubrik „Anzahl der bestellten Werke" versehentlich die Zahl 2. Kurz darauf erhält K die beiden Exemplare. Sofort bemerkt er die Unterstreichungen und die Eselsohren. Daraufhin schickt er am nächsten Tag einen Brief mit folgendem Inhalt an G: „An dem Kaufvertrag halte ich nicht fest. Es finden sich, entgegen der Angaben des V, Unterstreichungen und Eselsohren in den Skripten. Außerdem wollte ich von Anfang an nur ein Exemplar bestellen. Im Übrigen habe ich erfahren, dass der Preis entgegen meiner ursprünglichen Vorstellung kein besonders günstiges Angebot darstellt."

G verlangt von K Zahlung von 150 Euro für beide Bücher. Falls ihm dieser Betrag nicht zustehe, will er wenigstens seine Portokosten in Höhe von 10 Euro ersetzt bekommen. Zu Recht?

Lösung

I. Anspruch des G gegen K auf Kaufpreiszahlung in Höhe von 150 Euro aus § 433 II

G könnte gegen K einen Anspruch aus § 433 II auf Kaufpreiszahlung in Höhe von 150 Euro haben. Dazu müsste zunächst ein wirksamer Kaufvertrag zustande gekommen sein.

1. Es bedarf zunächst des Abschlusses eines Kaufvertrages. G und K haben sich zunächst über den Kauf zweier Richterskripte „Staatsrecht I" und damit über die essentialia negotii geeinigt.

[Anmerkung: Man darf hier nicht den typischen Anfängerfehler begehen, Angebot und Annahme geradezu zwanghaft konstruieren zu wollen. Ein Kaufvertrag kann auch durch ein stillschweigendes Einverständnis geschlossen werden, indem man z.B. beim Wursthändler einfach 1 Euro auf den Tisch legt.]

2. Problematisch ist, dass G persönlich weder eine Erklärung abgegeben, noch eine Erklärung empfangen hat. V könnte jedoch als Vertreter des G eine Einigungserklärung gemäß § 164 I abgegeben und die Annahme des K nach § 164 III empfangen haben. **Voraussetzung einer Stellvertretung ist die Abgabe einer eigenen Willenserklärung offenkundig im Namen des Vertretenen mit Vertretungsmacht (§ 164 I).**

a) Zunächst hat V eine eigene Willenserklärung mit dem Inhalt abgegeben, dass er die beiden Richterskripte für je 75 Euro verkauft.

b) Weiterhin müsste V **offenkundig** im Namen des G gehandelt haben (§ 164 I 2). Hier ist V als Angestellter des G ausgewiesen. Damit hat V offenkundig für G gehandelt.

c) Schließlich müsste V **Vertretungsmacht** haben. Hier hat G den V gemäß § 167 I bevollmächtigt, zumindest ergäbe sich eine Vollmacht aber aus § 55 HGB. Damit hat V als Vertreter des G gehandelt.

3. Der Kaufvertrag könnte jedoch ex tunc durch Anfechtung nach § 142 I vernichtet worden sein.

a) Dazu müsste zunächst eine **Anfechtungserklärung** gegenüber dem richtigen Anfechtungsgegner (§ 143 I) vorliegen. Dabei braucht der Begriff „Anfechtung“ nicht verwendet zu werden. Der Brief des K, er wolle an dem Kaufvertrag nicht festhalten, ist gemäß §§ 133, 157 als Anfechtungserklärung auszulegen. Der Brief ist an G gerichtet. G ist als Vertragspartner (§ 143 II) der richtige Anfechtungsgegner.

b) Des weiteren müsste ein **Anfechtungsgrund** vorliegen.

aa) Zunächst kommt ein **Erklärungsirrtum** gemäß § 119 I Var. 2 in Betracht. Ein Erklärungsirrtum setzt eine Diskrepanz zwischen dem subjektiv Gewollten und dem objektiv Erklärten voraus. K hat sich bei der Anzahl der bestellten Exemplare verschrieben. Er wollte subjektiv ein Exemplar des Richterskripts „Staatsrecht I“ bestellen, hat aber in die Rubrik „Anzahl der bestellten Werke“ die Zahl 2 eingesetzt. Damit liegt ein Erklärungsirrtum vor.

Allerdings soll sich der Irrende durch die Anfechtung nur von den Folgen seines Irrtums befreien können, nicht aber darüber hinaus besser gestellt werden. Hier wollte K bei Vertragsschluss ein Exemplar bestellen. Jetzt will er aber nicht nur die Bestellung auf ein Exemplar korrigieren, sondern sich vollständig vom Vertrag lösen. Dies ist nicht zulässig. Gemäß § 119 I Var. 2 kann K somit nicht den gesamten Vertrag anfechten.

bb) Außerdem könnte ein zur Anfechtung berechtigender Grund darin liegen, dass K annahm, der bei G erzielte Preis sei besonders günstig. Das wäre zu bejahen, wenn der Preis eine Eigenschaft im Sinne des § 119 II wäre. Es kommt also ein Eigenschaftsirrtum nach § 119 II in Betracht. **Eigenschaften sind alle wertbildenden Faktoren, die der Sache dauerhaft anhaften. Der Preis ist jedoch von der Marktlage abhängig und daher keine wertbildende Eigenschaft.** Der Irrtum über den Preis berechtigt K daher nicht zur Anfechtung.

Der Zustand des Buches könnte eine wesentliche Eigenschaft darstellen, über die sich K geirrt haben könnte. Eine Eigenschaft ist verkehrswesentlich, wenn sie bei Abstellen auf den typischen wirtschaftlichen Zweck des Geschäfts objektiv erheblich ist.

Der Zustand des Skriptes „Staatsrecht I", ob mit Unterstreichungen und Eselsohren oder ohne, ist ein wertbildender Faktor. Ein tadelloses Buch hat einen höheren Wert. Aus objektiver Perspektive ist der Zustand eines Buches, das antiquarisch erworben werden soll, erheblich. Der Zustand des Buches ohne Eselsohren und Unterstreichungen ist also eine verkehrswesentliche Eigenschaft. K dachte, das Werk sei gut erhalten. Folglich hat er sich über die wesentliche Eigenschaft geirrt.
Allerdings ist die Anwendung des § 119 II ausgeschlossen, wenn die **Sachmängelvorschriften des Kaufrechts anwendbar** wären. Denn dann würden die besonderen Verjährungsvorschriften des § 438 (in der Regel 2 Jahre) durch § 121 wirkungslos gemacht. Ein Mangel nach § 434 I liegt vor, wenn die Sache bei Gefahrübergang nicht die vereinbarte Beschaffenheit hat. Hier war vereinbart, dass das Werk gut erhalten ist. Somit liegt ein Mangel nach § 434 I vor. Der Gefahrübergang nach § 446 ist erfolgt. Folglich ist § 119 II nicht anwendbar.

dd) Als weiterer Anfechtungsgrund kommt § 123 I in Betracht. Dem K müssten **falsche Tatsachen vorgespiegelt** worden sein. Hier wurde K wahrheitswidrig gesagt, das Werk sei gut erhalten. Tatsächlich finden sich jedoch Eselsohren und Unterstreichungen darin. Es wurde ihm somit eine falsche Tatsache vorgespiegelt. Allerdings erfolgt dies nicht durch den Vertragspartner G, sondern durch dessen Vertreter V. § 123 II bestimmt, dass bei Täuschung durch einen Dritten ein Anfechtungsrecht nur besteht, wenn der Erklärungsempfänger die Täuschung kannte oder kennen musste. Es ist fraglich, **ob V überhaupt Dritter im Sinne von § 123 II** ist. Dritter im Sinne ist nicht jede Person außer dem Erklärungsempfänger, sondern nach dem Sinn der Vorschrift nur der am Geschäft Unbeteiligte. Dritter ist nach herrschender Meinung insbesondere nicht, wer auf Seiten (im Lager) des Erklärungsempfängers steht und am Geschäftsabschluss mitgewirkt hat (sog. Lagertheorie). V steht hier auf Seiten des G und hat am Geschäftsabschluss mitgewirkt. Daher ist er nicht Dritter im Sinne von § 123 II. G muss sich die Täuschung des V zurechnen lassen. Dies entspricht dem Grundsatz des § 166 I.

Die Widerrechtlichkeit der Täuschung wird indiziert. Der Täuschende, also G, muss außerdem arglistig gehandelt haben. Das setzt Kenntnis von der Unrichtigkeit und ein Täuschungsbewusstsein voraus. G kannte die wahren Umstände und wollte K auch täuschen. Damit liegt Arglist vor. Durch die Täuschung wurde bei K zudem ein Irrtum erregt. Folglich kann K nach § 123 I anfechten.

d) Die Anfechtungsfrist des § 124 I, II 1 wurde eingehalten.

K konnte den gesamten Vertrag wegen arglistiger Täuschung nach § 123 I anfechten.

Ergebnis: Ein Anspruch des G gegen K auf Zahlung des Kaufpreises besteht daher nicht.

II. Anspruch des G gegen K auf Ersatz der Portokosten in Höhe von 10 Euro aus § 122 I

G könnte gegen K allerdings einen Anspruch auf Ersatz der Portokosten aus § 122 I haben. § 122 I setzt voraus, dass eine Anfechtung gemäß § 119 erfolgt ist. Hier konnte K jedoch nur gemäß § 123 I anfechten.

Ergebnis: G hat keinen Anspruch aus § 122 I gegen K auf Ersatz der Portokosten.

Fall 17

Sachverhalt

Während einer Freizeitveranstaltung auf Rügen entdeckt der Uhrenfan N auf einem Stand des Händlers H, der diese Veranstaltung gesponsert hat, die Uhr „Typ 200" im Katalog des H. Diese Uhr ist, wie H sagt, „für 120 Euro fast geschenkt" und scheint heiß begehrt zu sein. Deshalb füllt N noch am Stand eine Bestellpostkarte aus und unterschreibt sie. H nimmt die Karte entgegen und verspricht N, die Uhr „Typ 200" an ihn zu liefern. So geschieht es. Nach zehn Tagen ruft N bei H an und macht geltend, er wolle die Uhr „Typ 200" zurückgeben, weil sie zu teuer sei. Diese Uhr koste normalerweise antiquarisch nur 99 Euro. Er schickt die Uhr zurück und erläutert seine Gründe schriftlich.

Kann H von N die Bezahlung der Uhr „Typ 200" aus § 433 II verlangen?

Lösung

Anspruch des H gegen N auf Bezahlung der Uhr „Typ 200" aus § 433 II

H könnte gegen N einen Anspruch auf Zahlung von 120 Euro aus § 433 II haben.

I. Dann müsste zwischen H und N ein Kaufvertrag über die Uhr „Typ 200" zustande gekommen sein.

Ein **Angebot** liegt im Ausfüllen der Bestellkarte für die Uhr „Typ 200" durch N. In der Zusage des H, er werde die Uhr liefern, liegt die Annahme des Angebots. Folglich ist zwischen N und H ein Kaufvertrag über die Uhr „Typ 200" gemäß § 433 zustande gekommen. Also ist der Kaufpreisanspruch des H entstanden.

II. Dieser Anspruch könnte jedoch durch eine **Anfechtung** (§ 142 I) des N untergegangen sein.

1. Dafür ist zunächst eine **Anfechtungserklärung** erforderlich. Diese könnte in der Erklärung des N liegen, dass die Uhr „Typ 200" zu teuer sei. Eine Anfechtungserklärung muss das Wort „Anfechtung" nicht enthalten. Es genügt, wenn der Erklärende zum Ausdruck bringt, dass er das Geschäft nicht gegen sich gelten lassen will. Dies ist bei der Erklärung des N der Fall.

2. Ferner bedürfte es eines **Anfechtungsgrundes**.

a) N könnte aufgrund eines **Eigenschaftsirrtums** nach § 119 II anfechten. Eigenschaften sind wertbildende Faktoren. Der Preis einer Sache ist Folge ihres Wertes. Der Preis ist aber kein Faktor, der den Wert beeinflusst. **Daher ist der Preis eines Gegenstandes keine Eigenschaft im Rahmen des § 119 II.** Es liegt kein Anfechtungsgrund nach § 119 II vor. N kann folglich nicht nach § 119 II anfechten.

b) Allerdings könnte ein Anfechtungsgrund aufgrund § 123 I Var. 1 vorliegen. Dann müsste eine **arglistige Täuschung** kausal für den Geschäftsschluss geworden sein. Indem H die Uhr gegenüber N als „fast geschenkt" bezeichnet, könnte eine arglistige Täuschung vorliegen. **Eine Täuschung muss sich auf objektiv nachprüfbare Umstände beziehen; subjektive Werturteile oder reklamehafte Anpreisungen begründen keinen Anfechtungsgrund.** Diese haben keine tatsächliche Bedeutung und werden deshalb erfahrungsgemäß nicht ernst genommen. Die Bezeichnung „fast geschenkt" enthält keine Angaben tatsächlicher und nachprüfbarer Art. Es handelt sich um eine werbemäßige Anpreisung. Infolgedessen hat H seinen Geschäftspartner nicht getäuscht.

N hat mangels Täuschung keinen Anfechtungsgrund. Er kann nicht gemäß § 142 I anfechten. Damit besteht der Kaufpreisanspruch des H weiterhin.

III. Der Kaufpreisanspruch könnte durch einen **Widerruf** nach §§ 312 i.V.m. 355 untergegangen sein. Dann wäre N an seine Willenserklärung zum Abschluss des Kaufvertrages nicht mehr gebunden.

Ein solcher Widerruf könnte im Zurücksenden der Uhr von N an H liegen.

1. Es müsste zunächst der Anwendungsbereich des § 312 I eröffnet sein. H müsste Unternehmer nach § 14 I, N müsste Verbraucher nach § 13 sein.

a) Gemäß § 13 ist ein **Verbraucher** jede natürliche Person, die ein Rechtsgeschäft zu einem Zweck abschließt, der weder ihrer gewerblichen noch ihrer selbständigen beruflichen Tätigkeit zugerechnet werden kann. Diese Beschreibung trifft auf den Privatmann N zu.

b) Indem H eine natürliche Person ist, die bei Abschluss eines Rechtsgeschäfts in Ausübung ihrer gewerblichen oder selbständigen beruflichen Tätigkeit handelt, ist er Unternehmer im Sinne des § 14 I. Damit ist der Anwendungsbereich des § 312 I eröffnet.

2. Es bedarf weiterhin einer **Widerrufsberechtigung**.

a) Dafür müsste N als Erklärender zunächst eine auf den Abschluss eines Vertrages über eine entgeltliche Leistung gerichtete Willenserklärung abgegeben haben (§ 312 I 1). Das Angebot zum Kauf einer Uhr zum Preis von 120 Euro ist eine solche Willenserklärung.

b) Weiterhin müsste N durch eine in § 312 I 1 Nr. 1-3 genannte Verhandlungssituation zum Angebot, die Uhr kaufen zu wollen, bestimmt worden sein. In Betracht kommt eine **Freizeitveranstaltung** nach § 312 I 1 Nr. 2. Freizeitveranstaltungen sind Veranstaltungen, bei denen mit der eigentlichen gewerblichen Absicht nicht in Zusammenhang stehende attraktive Leistungen in den Vordergrund gestellt werden. Hier wird die gesamte Veranstaltung als attraktive Leistung auf der Insel Rügen von H gesponsert. Damit wird sie zwar nicht von H selbst durchgeführt, sie **findet aber auch im seinem Interesse statt**. Folglich liegt eine Freizeitveranstaltung im Sinne von § 312 I Nr. 2 vor.

c) Schließlich müsste N anlässlich der Freizeitveranstaltung **zu seinem Angebot bestimmt worden** sein (§ 312 I 1 Nr. 2). Anlässlichkeit ist dann gegeben, wenn der Kunde durch Verkaufsbemühungen der anderen Vertragspartei zum Geschäftsabschluss bestimmt wird (anbieterinitiierte geschäftliche Kontaktaufnahme) und die Willenserklärung **in unmittelbarem zeitlichen und räumlichen Zusammenhang mit der Freizeitveranstaltung abgegeben** worden ist. Hier füllt N die Bestellpostkarte nach dem Gespräch mit H direkt und am gleichen Ort aus. Somit hat N sein Angebot in räumlicher und zeitlicher Nähe zum Stand des H abgegeben. Anlässlichkeit nach § 312 I 1 Nr. 2 liegt folglich vor.

d) Des Weiteren liegt die Uhr „Typ 200" mit einem Preis von 120 Euro über der Bagatellsumme von 40 Euro (§ 312 III Nr. 2).

3. Schließlich müsste N innerhalb der zweiwöchigen Frist des § 312 I i.V.m. § 355 I 2 seinen **Widerruf** erklärt haben. Hier ruft N den H nach zehn Tagen an. N hat damit fristgerecht widerrufen.

4. N hat durch sein Schreiben, in dem er die Rücksendung begründet, in der notwendigen Textform widerrufen (§ 312 I i.V.m. § 355 I 2).

5. Das Schreiben, in dem N sein Angebot zum Kauf der Uhr „Typ 200“ widerruft, geht H zu. Damit ist der Widerruf **als einseitige empfangsbedürftige Willenserklärung** gemäß § 130 I **wirksam** geworden.

Folglich ist N nicht mehr an seine Willenserklärung zum Abschluss des Kaufvertrages gebunden. Damit ist der Kaufpreisanspruch des H nach § 312 I i.V.m. §§ 355 untergegangen.

Ergebnis: H hat gegen N keinen Anspruch auf Zahlung von 120 Euro aus § 433 II.

Stellvertretung nach §§ 164 ff.

1. Anwendbarkeit der Stellvertretungsregeln: Ausgeschlossen bei höchstpersönlichen Rechtsgeschäften (z.B. Ehe, Testament).

2. Eigene Willenserklärung (Abgrenzung zum Boten, der eine fremde Willenserklärung überbringt). Abgrenzungskriterium: Existiert ein Spielraum?

3. In fremdem Namen (Offenkundigkeitsprinzip). Ausnahmen:

- Geschäft für den, den es angeht.
- Unternehmensbezogenes Geschäft (aus den Umständen ergibt sich, dass ein bestimmtes Unternehmen verpflichtet werden soll und nicht die auftretende Person).
- Beachte § 1357: Bei Ehegatten wird der Partner automatisch mitverpflichtet, wenn es sich um ein Geschäft des täglichen Lebensbedarfs handelt.

4. Mit Vertretungsmacht:

a) Rechtsgeschäftlich: Vollmacht (Innenvollmacht gegenüber dem Vertreter nach § 167 I Var. 1 oder Außenvollmacht gegenüber dem Dritten nach § 167 I Var. 2), Prokura (§§ 48 ff. HGB – Umfang der Prokura ist allerdings durch Gesetz zwingend festgeschrieben), Handlungsvollmacht (§ 54 HGB).

b) Gesetzlich: z.B. §§ 1626, 1629 (Eltern), § 1902 (Betreuer), 26 II (Vereinsvorstand), § 35 I GmbHG (Geschäftsführer einer GmbH), usw.

c) Kraft Rechtsscheins:

aa) Anscheinsvollmacht (unbewusst fahrlässiges Dulden der Vertretung),

bb) Duldungsvollmacht (bewusstes Dulden der Vertretung),

cc) § 56 HGB (Ladenangestellter gilt als zum gewöhnlichen Verkauf von Waren ermächtigt),

dd) §§ 170 ff. (Fortdauer der Bevollmächtigung trotz Erlöschens).

5. Kein Missbrauch der Vertretungsmacht:

- Kollusion (Zusammenwirken des Dritten und des Vertreters zu Lasten des Vertretenen)
- Sonstiger Missbrauch, der für den Geschäftsgegner offensichtlich (evident) ist.

Haftung des Vertreters ohne Vertretungsmacht aus § 179 I

1. Abschluss eines Vertrages als Vertreter ohne Vertretungsmacht (keine Vollmacht und auch keine gesetzliche Vertretungsmacht).

2. Keine Genehmigung des Vertretenen (§§ 177, 184).

3. Kenntnis des Vertreters vom Fehlen seiner Vertretungsmacht (Umkehrschluss aus § 179 II).

4. Keine Haftung, wenn
- der andere Teil den Mangel der Vertretungsmacht kannte oder kennen musste (§ 179 III S. 1), oder:
- der Vertreter beschränkt geschäftsfähig war (es sei denn, er handelte mit Zustimmung seines gesetzlichen Vertreters).

5. Rechtsfolge: Anspruchsinhaber hat die Wahl: Er kann Erfüllung (§ 179 I Var. 1) oder Schadensersatz wegen Nichterfüllung (§ 179 I Var.2) verlangen.

Haftung des Vertreters ohne Vertretungsmacht aus § 179 II

1. Abschluss eines Vertrages als Vertreter ohne Vertretungsmacht (keine Vollmacht und auch keine gesetzliche Vertretungsmacht).

2. Keine Genehmigung des Vertretenen (§§ 177, 184).

3. Keine Kenntnis des Vertreters vom Fehlen seiner Vertretungsmacht (§ 179 II).

4. Keine Haftung, wenn
- der andere Teil den Mangel der Vertretungsmacht kannte oder kennen musste (§ 179 III S. 1)
- der Vertreter beschränkt geschäftsfähig war (es sei denn, er handelte mit Zustimmung seines gesetzlichen Vertreters)

5. Rechtsfolge: Ersatz des Vertrauensschadens (negatives Interesse) bis zur Grenze des Erfüllungsinteresses (positives Interesse), § 179 II.

Fall 18

Sachverhalt

S ist begeisterter Uhrensammler. Allerdings werden viele seiner Sammlerobjekte nicht mehr produziert. Sie sind nur noch antiquarisch erhältlich. Deshalb bittet S in einem Brief seinen 18jährigen Neffen N, der ebenfalls solche Uhren sammelt, nach den Modellen „Typ 100, 200 und 300“ Ausschau zu halten. Wenn N diese Uhren sehe, möge er sie für ihn, den S, erwerben. Während einer Freizeitveranstaltung auf Rügen wird N an einem Stand des Händlers H, der diese Veranstaltung gesponsert hat, fündig. H hat, wie seine ausgeteilte Prospekte zeigen, die Uhr „Typ 100“ vorrätig.

Die Uhr „Typ 100“ kostet 280 Euro. Eine Woche nach seiner Rückkehr aus Rügen entschließt sich N, diese zu kaufen. N trägt S auf der Bestellkarte als Besteller ein, unterschreibt aber mit seinem eigenen Namen. H ist mit alledem einverstanden und schickt die Uhr wenig später an S. Sofort meldet sich dieser erbost bei H. Die Uhr „Typ 100“ suche er gar nicht, sondern die Uhr „Typ 101“; das Missverständnis ergebe sich daraus, dass er sich in seinem Brief an N verschrieben habe. Das habe er N nach Erhalt des Paketes auch gesagt.

Kann H von S oder N Bezahlung der Uhr „Typ 100“ verlangen? Kann H von S oder N Bezahlung der ihm entstandenen Versandkosten in Höhe von 15 Euro verlangen?

Hinweis: Rücktritts- und Widerrufsrechte sind nicht zu prüfen.

Lösung

1. Teil: Ansprüche des H auf Bezahlung der Uhr „Typ 100“ sowie der Versandkosten dieser Uhr gegen S und N

I. Anspruch des H gegen S auf Bezahlung der Uhr „Typ 100“ aus § 433 II

1. H könnte einen Anspruch auf Bezahlung von 280 Euro aus § 433 II gegen S haben. Dann müsste zwischen H und S ein Kaufvertrag über die Uhr „Typ 100“ gemäß § 433 zustande gekommen sein. Ein Kaufvertrag kommt durch zwei inhaltlich übereinstimmende, mit Bezug aufeinander abgegebene Willenserklärungen zustande, wobei man die zeitlich vorangehende Erklärung als Angebot bezeichnet, die darauf folgende als Annahme.

a) Ein **Angebot** könnte in den verteilten Prospekten des H liegen. Fraglich ist aber, ob in den Prospekten ein Rechtsbindungswille zum Ausdruck kommt. Kataloge und Warenprospekte sind bloße Aufforderungen zu Offerten und bringen keinen Willen zu einer rechtlichen Bindung zum Ausdruck. Bei dem Prospekt des H handelt es sich somit um eine unverbindliche Aufforderung zur Abgabe eines Angebots (**invitatio ad offerendum**).

b) Ferner könnte ein Angebot im Ausfüllen der Bestellkarte durch N liegen. Ein Angebot ist eine **empfangsbedürftige Willenserklärung**, durch die ein Vertragsschluss einem anderen so angetragen wird, dass das Zustandekommen des Vertrages nur noch von dessen Einverständnis abhängt. Dies ist bei der hier vorgedruckten Bestellkarte der Fall. Weiterhin muss das Angebot bestimmt sein, das heißt, die essentialia negotii müssen enthalten sein. Hier sind S und H als Vertragspartner sowie 280 Euro als Preis der Uhr im Angebot enthalten. Damit ist es hinreichend bestimmt.

aa) S hat dieses Angebot nicht selbst abgegeben. N könnte aber als Bote oder Vertreter des S aufgetreten sein. Ein Bote überbringt eine fremde Willenserklärung, ein Stellvertreter bildet dagegen eigenen rechtsgeschäftlichen Willen. Die Kriterien der Abgrenzung zwischen Vertretung und Botenschaft sind umstritten.

aaa) Die herrschende Auffassung richtet sich nach dem tatsächlichen Auftreten gegenüber dem Dritten. Entscheidend für die Frage, wer eine Willenserklärung abgegeben habe, sei hiernach der **Empfängerhorizont**. N bestellt die Uhr für S, tätigt gleichzeitig durch seine Unterschrift eine eigene rechtsgeschäftliche Handlung. Aus Sicht des H handelt N also als Vertreter des S.

bbb) Nach einer anderen Meinung ist auf das **Innenverhältnis** abzustellen und darauf, ob der Mittler zum Überbringen einer Erklärung ermächtigt wurde (dann Bote) oder autorisiert wurde, selbst eine Entscheidung zu treffen (dann Vertreter). S autorisiert N, die Uhren – bei wem auch immer – zu erwerben. Somit räumt S dem N einen eigenen **Entscheidungsspielraum** ein. Demnach ist N auch nach dieser Meinung sein Vertreter.

ccc) Beide Meinungen kommen zum gleichen Ergebnis, der Streit muss also nicht entschieden werden. N hat ein eigenes Angebot abgegeben und damit als Vertreter gehandelt.

bb) Weiterhin müsste N offenkundig im Namen des S gehandelt haben (§ 164 I). Hier hat N Namen und Anschrift des S auf der Bestellpostkarte eingetragen. Somit ist offenkundig, dass das Angebot des N Rechtsfolgen für S entfalten soll.

cc) Schließlich müsste N **Vertretungsmacht** gehabt haben.

aaa) S könnte in seinem Brief und dem darin geäußerten Wunsch, die Uhr des „Typ 100" zu erwerben, H eine Vollmacht gemäß § 167 I Var. 1 erteilt haben. Bevollmächtigungen, die sich auf ein einziges Rechtsgeschäft beziehen, nennt man **Spezialvollmachten**. Ob eine solche vorliegt, wird durch Auslegung ermittelt. Hier ermächtigt S den N, eine spezielle Uhr (nämlich Typ 100) zu erwerben. Also wird N eine Vollmacht eingeräumt, die sich auf ein einziges Rechtsgeschäft bezieht (Spezialvollmacht). Die Vollmachtserklärung geht N zu und wird somit wirksam (§ 130 I).

bbb) Die Vollmacht des S für N könnte jedoch **ex tunc durch Anfechtung** nach § 142 I erloschen sein.

(1) Dazu müsste eine **Anfechtungserklärung** gegenüber dem richtigen Anfechtungsgegner (§ 143 I) vorliegen. Dabei braucht der Begriff „Anfechtung" nicht verwendet zu werden. **Es genügt, dass aus der Erklärung deutlich wird, nicht an dem Geschäft festhalten zu wollen**. Das Zurückschicken der Uhren durch S ist als Anfechtungserklärung des S auszulegen. Dabei kommt als anfechtbare Willenserklärung die Vollmachtserteilung in Betracht. Die Vollmacht hat S allein gegenüber N ausgesprochen. Vollmachten, die intern dem Vertreter gegenüber erteilt werden (§ 167 I Var. 1), sind Innenvollmachten.

Fraglich ist, ob die Anfechtung einer Innenvollmacht grundsätzlich zulässig ist. Dies ist unstreitig der Fall, solange der Vertreter von der Vollmacht noch keinen Gebrauch gemacht hat. Der Verkehr muss dann nicht geschützt werden. Fraglich ist aber, ob der Vertretene eine Innenvollmacht auch nach Abschluss des Rechtsgeschäfts noch anfechten kann (sog. betätigte Innenvollmacht). Dies ist umstritten.

(a) Einer Meinung zufolge kann der Vertretene auch die betätigte Innenvollmacht anfechten. Diese Meinung geht von der Lehre der Repräsentationstheorie aus. Danach wird der Vertreter als allein Handelnder mit eigenem rechtsgeschäftlichen Willen angesehen. Bevollmächtigung und Vertretergeschäft bildeten nicht zusammen ein Rechtsgeschäft, sondern seien als zwei voneinander unabhängige, getrennte Rechtsgeschäfte aufzufassen. Daraus ergebe sich, dass jedes Rechtsgeschäft für sich anfechtbar sei. Die einseitige Willenserklärung, die der Erteilung einer Vollmacht zugrunde liege, unterliege damit den allgemeinen Regeln der Anfechtbarkeit von Willenserklärungen. Die Vollmacht könne also selbst Gegenstand der Anfechtung sein. Dieser Meinung nach könnte S seine dem N erteilte Vollmacht zum Kauf der Uhr „Typ 100" anfechten.

(b) Eine weitere Meinung will das Anfechtungsrecht **auf die Fälle beschränken, in denen sich der Mangel an Bevollmächtigung im konkreten Rechtsgeschäft wieder findet (Kausalität)**. Dieses sei dann der Fall, wenn sich der Willensmangel bei der Bevollmächtigung auf Umstände beziehe, die Inhalt der vom Vertreter abgegebenen Willenserklärung seien. Unbeachtlich wäre dann z.B. ein Irrtum über die Person des Vertreters. Somit könnte S die Vollmacht nur dann anfechten, wenn ein Irrtum bei der Bevollmächtigung des N im Wege der Fehleridentität auf den Kauf der Uhr „durchgeschlagen" hätte. S hat sich in dem Brief an N verschrieben. Ohne diesen Fehler hätte N kein Bestellformular ausgefüllt. Also könnte S seine Vollmacht auch nach dieser Meinung anfechten.

(c) Eine dritte Ansicht **lehnt** eine Anfechtung der Bevollmächtigung **grundsätzlich ab.** Sie beruft sich dabei auf die Geschäftsherrentheorie, nach der der rechtsgeschäftlich Wollende der Vollmachtgeber ist. Der Vertreter sei lediglich Träger des Willens des Geschäftsherrn. Damit sei das vom Vertreter abgeschlossene Geschäft kein Akt der Selbstbestimmung, wodurch es seinen rechtgeschäftlichen Charakter verliere. Die Bevollmächtigung stelle mit der Vertreterhandlung ein gemeinsames Rechtsgeschäft dar. Würde dieser Ansicht gefolgt, bestünde kein Anfechtungsrecht des S.

(d) Die Ansichten gelangen zu unterschiedlichen Ergebnissen. Folglich muss der Streit entschieden werden.

Nach den ersten beiden Auffassungen kann die Vollmacht grundsätzlich wie jedes andere Rechtsgeschäft angefochten werden. Bei einer Bevollmächtigung erhöhe sich auch die Zahl der Fehlerquellen (Fehler bei der Innenvollmacht und beim Vertretergeschäft), was mit einer Ausdehnung der Anfechtungsmöglichkeiten einhergehen müsse.

Dem entgegnet die dritte Ansicht, dass Fehlerquellen bei einer Bevollmächtigung im Verantwortungsbereich des Vertretenen liegen. Wer aus Praktikabilitäts- oder Zeitgründen einen Vertreter bestelle, müsse die mit diesem Vorteil behafteten Risiken ebenfalls tragen. Diese Risiken dürften nicht auf den Dritten abgewälzt werden.

Es sei eine **Ausweitung des Anfechtungsrechts** für den Vertretenen zu befürchten. Dieser könne sich dann bei Rechtsgeschäften, die ihm nicht gefallen, immer auf einen Irrtum bei der Bevollmächtigung berufen. Nicht hinnehmbar sei, dass sich das Anfechtungsrecht allein durch die Einschaltung eines Vertreters vergrößere. **Der Dritte sei in allen Fällen gleich schutzwürdig.** Im Übrigen bringe der Vertretene über eine Anfechtung der Vollmacht wegen Irrtums indirekt das Geschäft mit dem Dritten zu Fall. Dies widerspreche indes der Vorschrift des § 166 I, wonach es bei Willensmängeln ausdrücklich nicht auf die Person des Vertretenen, sondern auf die des Vertreters ankommt.

Im Übrigen lohne sich der Vergleich mit der Anscheinsvollmacht. Bei einer Anscheinsvollmacht, bei der der Vertretene tatsächlich gar keine Vollmacht erteilt, steht dem Vertretenen unstreitig kein Anfechtungsrecht zu. Warum er dann bei einer tatsächlich erteilten Vollmacht besser stehen solle, sei nicht einzusehen. Der Vertretene sei hier sogar weniger schutzwürdig als bei der Anscheinsvollmacht, der Dritte aber gleich schutzwürdig.

Dem ist indes entgegenzuhalten, dass sich die Anscheinsvollmacht als umstrittenes Institut ohne direkte Erwähnung im Gesetz nicht zum Vergleich eignet.

Es ist darauf abzustellen, dass dem Vertretenen, hätte er das Geschäft selbst abgeschlossen und wäre ihm dabei ein Fehler unterlaufen, ein Anfechtungsrecht ohne Zweifel zustehen würde. Dieses Recht muss ihm aber auch dann gewährt werden, wenn sich der Willensmangel nicht erst beim Geschäft gegenüber dem Dritten (auch die Bevollmächtigung ist ein Rechtsgeschäft), sondern bereits bei der Bevollmächtigung zeigt. Deshalb ist der Repräsentationstheorie der Vorzug zu geben. Die Problematik, die dadurch entsteht, dass das Anfechtungsrecht des Vertretenen ausgeweitet wird, kann entschärft werden, dass dem Geschäftsgegner ein Anspruch gegen den Vertretenen auf Ersatz des Vertrauensschadens aus § 122 I analog zugebilligt wird.

Im vorliegenden Fall muss sich S also vom Vertrag lösen können. Somit kann S seine Vollmacht grundsätzlich auch nach deren Gebrauch anfechten.

(2) Es muss ein **Anfechtungsgrund** vorliegen. S hat sich im Brief an N verschrieben. Darin könnte ein Erklärungsirrtum nach § 119 I Var. 2 zu sehen sein. Das unbewusste Auseinanderfallen von Wille und Erklärung ist ein Anfechtungsgrund. S wollte eine Vollmacht dieses Inhalts gar nicht erteilen. Daher liegt ein Erklärungsirrtum vor. Also hat S einen Grund, die Vollmacht anzufechten.

(3) Ferner muss die Erklärung des S auch **kausal** für das Angebot des N geworden sein. Hätte S gewusst, dass seine Erklärung objektiv den N zum Kauf der Uhr „Typ 100“ bevollmächtigt, hätte er die Vollmacht nicht erteilt. Der Irrtum des S ist somit kausal für die Erklärung des N geworden.

(4) Umstritten ist nun, wer **Anfechtungsgegner**, § 143 I, einer bereits ausgeübten Innenvollmacht ist.

(a) Nach einer Meinung genügt es, die Innenvollmacht **lediglich gegenüber dem Vertreter** anzufechten. Hier müsste S also nur gegenüber N anfechten. S hat mit N gesprochen und somit ihm gegenüber angefochten. Die Anfechtungserklärung ist durch Vernehmen zugegangen und somit nach § 130 I wirksam geworden.

(b) Eine andere Auffassung verlangt hingegen, **dass der Vertretene gegenüber dem beteiligten Dritten anfechten** muss. Also müsste S gegenüber H anfechten. Die Rücksendung der Uhr ist konkludent als Anfechtungserklärung gegenüber H auszulegen. Das Paket samt Uhr ist in den Macht- und Organisationsbereich des H gelangt. Somit ist die Anfechtungserklärung zugegangen und nach § 130 I wirksam geworden.

(c) Einwände kommen von einer dritten Meinung, die dem Vollmachtgeber **freistellen** will, wem gegenüber er anfechten möchte – wahlweise gegenüber dem Vertreter oder dem Dritten. Hier hat S beiden gegenüber angefochten. Somit hat S in jedem Fall gegenüber dem richtigen Anfechtungsgegner angefochten.

(d) Eine letzte Meinung verlangt, dass **gegenüber beiden angefochten** werden müsse. Diese Meinung stützt sich darauf, dass Anfechtungsgegner gemäß § 143 III 1 derjenige ist, dem gegenüber die Vollmacht zu erteilen war. Da die Vollmacht entweder als Innenvollmacht gegenüber dem Vertreter oder als Außenvollmacht gegenüber dem Dritten zu erteilen war (§ 167 I), müsse die Vollmacht in jedem Fall gegenüber beiden angefochten werden. Dies hat S getan.

(e) Der Streit, wem gegenüber anzufechten ist, ist nicht zu entscheiden. S hat gegenüber N **und** H angefochten.

(5) Die **Anfechtungsfrist** muss gewahrt sein. Seine Anfechtung müsste S gemäß § 121 I unverzüglich (ohne schuldhaftes Zögern) erklärt haben. Hier schickt S die Uhr circa zwei Tage nach Erhalt wieder zurück. S hat durch das prompte Zurückschicken nicht schuldhaft gezögert und die Anfechtungsfrist eingehalten.

(6) Folglich hat S seine dem N gegenüber erklärte Vollmacht über den Kauf der Uhr „Typ 100" gemäß § 142 wirksam angefochten.

dd) Demnach ist die Bevollmächtigung des N ex tunc als nichtig anzusehen. Folglich handelte N ohne Vertretungsmacht. Eine nachträgliche Zustimmung (Genehmigung) nach § 184 I hat S nicht erteilt.

ee) Somit hat N ohne Vertretungsmacht gehandelt.

2. Ergebnis: Infolgedessen ist zwischen H und S kein Kaufvertrag über die Uhr „Typ 100" nach § 433 zustande gekommen. H hat keinen Anspruch auf Bezahlung der Uhr aus § 433 II gegen S.

II. Anspruch des H gegen N auf Bezahlung der Uhr „Typ 100" aus § 433 II

H könnte gegen N einen Anspruch auf Bezahlung von 280 Euro für die Uhr „Typ 100" aus § 433 II haben. Dazu müsste zwischen H und N ein Kaufvertrag über die Uhr nach § 433 zustande gekommen sein. N handelt im Namen des S. Also ist zwischen N und H kein Kaufvertrag über die Uhr zustande gekommen. H hat keinen Anspruch auf Bezahlung aus § 433 II gegen N.

III. Anspruch des H gegen N aus § 179 I i.V.m. § 433 II auf Erfüllung

Ein Anspruch des H gegen N auf Erfüllung aus § 179 I i.V.m. § 433 II scheidet wegen § 179 II aus, nach dem nur Schadensersatz verlangt werden kann.

IV. Anspruch des H gegen S auf Bezahlung seiner Versandkosten für die Uhr „Typ 100" aus § 122 I analog

H könnte einen Anspruch gegen S aus § 122 I analog auf Bezahlung seines Vertrauensschadens (negatives Interesse), hier seiner Versandkosten für die Uhr „Typ 100", haben.

1. Die analoge Anwendung einer Vorschrift setzt eine **Regelungslücke** und eine **vergleichbare Interessenlage** voraus.

a) Indem die Frage des Schadenersatzes nach Anfechtung einer bereits betätigten Innenvollmacht im Gesetz nicht geregelt ist, liegt eine Regelungslücke vor.

b) Fraglich ist, ob die Konstellation mit der Interessenlage in den üblichen Fällen des § 122 I vergleichbar ist.

aa) Eine Meinung lehnt eine Vergleichbarkeit der Interessenlage ab. Dritter und Vertretener hätten schließlich keinen Kontakt zueinander gehabt. Dieser Meinung folgend könnte H keinen Schadensersatz gemäß § 122 I von S verlangen.

bb) Nach der Gegenauffassung sind Vollmacht und Vertretergeschäft als Einheit zu betrachten. Über die Anfechtung der Vollmacht werde letztlich das Hauptgeschäft zu Fall gebracht. Der Geschäftsgegner müsse daher so gestellt werden, wie wenn der Vertretene das Hauptgeschäft direkt angefochten hätte. Demnach könnte H von S Schadensersatz in Höhe Versandkosten für die Uhr aus § 122 I verlangen.

cc) Die Ansichten führen zu unterschiedlichen Ergebnissen. Also muss der Streit entschieden werden. Die Gegner einer analogen Anwendung bringen vor, es existiere zwischen dem Dritten und dem Vertretenen kein direkter Kontakt. Der Dritte verhandle mit dem Vertreter und vertraue auf ihn. Dies spricht dafür, dass der Dritte eventuelle Schadensersatzansprüche auch gegen den Vertreter richten muss.

Ferner handle der Dritte auf eigene Gefahr, sobald er ohne Vertrauensgrundlage an die Vertretungsmacht des Vertreters glaubt (zumal bei Innenvollmacht). Muss er sich an den Vertreter halten, wenn dieser keine Vertretungsmacht besitzt (§ 179), so sei es nicht unbillig, die gleiche Rechtsfolge für den vorliegenden Fall einsetzen zu lassen.

Allerdings muss der Dritte **auch geschützt** sein, wenn der Vertreter ihm gegenüber nicht zahlen kann, z.B. wegen Insolvenz. Würde man Ansprüche allein gegen den Vertreter geltend machen können, wäre das geradezu eine Einladung, Geschäfte nur noch über insolvente Vertreter abzuwickeln.

Daher überzeugt eine wertende Betrachtung, wonach über die Anfechtung der Vollmacht letztlich das Hauptgeschäft zu Fall gebracht wird.

Die angefochtene Innenvollmacht ist **wertungsmäßig einer angefochtenen Außenvollmacht gleichzustellen**. Schließlich will der Vollmachtgeber in beiden Fällen durch die Anfechtung der Vollmachtserteilung erreichen, dass das bereits abgeschlossene Geschäft keine Wirkungen mehr gegen ihn entfaltet. Wenn der Dritte einen Vertrag mit dem Vertretenen schließen will, **ist es auch billig, dass er gegen diesen seinen Schadensersatzanspruch richtet.** Es gibt keinen Anlass, das durch einen Vertreter geschlossene Rechtsgeschäft anders zu behandeln als das in eigener Person geschlossene Geschäft. Demnach liegt eine vergleichbare Interessenlage vor. Im Ergebnis ist es deshalb sachlich berechtigt und allein interessengerecht, den Dritten als Anspruchsberechtigten im Sinne des § 122 I anzusehen. § 122 I ist analog anwendbar.

3. S müsste eine Willenserklärung abgegeben haben, auf die H vertraut hatte. H betrachtete N aufgrund der Vollmachtserklärung des S als dessen Vertreter und übernahm die Portokosten für die Uhrenversendung. Er vertraute also auf die wirksame Vertretung des N beim Kauf der Uhr „Typ 100“.

4. Weiterhin müsste ein Schaden vorliegen. Indem H auf die Erklärung des N vertraute, erleidet H einen Schaden in Höhe von 15 Euro (Vertrauensschaden).

Ergebnis: Folglich hat H gegen S einen Anspruch auf Bezahlung der Versandkosten in Höhe von 15 Euro für die Uhr „Typ 100“ aus § 122 I.

V. Anspruch des H gegen N auf Bezahlung der Versandkosten für die Uhr „Typ 100"aus § 179 II

H könnte außerdem einen Anspruch gegen N aus § 179 II auf Bezahlung seiner Versandkosten in Höhe von 15 Euro für die Uhr „Typ 100" haben.

1. Ob der Dritte den Anspruch geltend machen kann, ist umstritten.
a) Eine Meinung billigt dem Dritten einen solchen Anspruch zu. Demnach hätte H Anspruch auf Erstattung der Versandkosten gegenüber N. H gegenüber würden also N (aus § 179 II) und S (aus § 122 I) gesamtschuldnerisch haften.

b) Dagegen will eine andere Ansicht dem Dritten keinen Anspruch aus § 179 II gegen N zubilligen. Der Dritte habe sich an seinen Vertragspartner, den Vertretenen, zu halten. Dieser Ansicht folgend könnte H keine Versandkosten gegenüber N geltend machen.

c) Unterschiedliche Rechtsfolgen beider Meinungen erfordern eine Streitentscheidung. Die erste Meinung verweist darauf, dass der Vertragsschlusstatbestand zwischen dem Vertreter und dem Dritten zustande gekommen sei. Also sei es sachgemäß, dass für den Fall der Anfechtung einer Vollmachtserklärung auch der Vertreter nach § 179 II hafte. Damit sei ein weitgehender Schutz des Dritten erreicht. Die zweite Ansicht will dagegen nicht akzeptieren, dass auch der Vertreter für einen zur Anfechtung berechtigenden Irrtum des Vollmachtgebers haften soll. Der Vertreter werde ohne sein Verschulden zum falsus procurator. Sein daraus resultierender Anspruch aus § 122 I gegen den Vertretenen nütze ihm nichts, wenn jener nicht zahlungsfähig sei.

Dagegen wird mit der **Wertung des Gesetzes** argumentiert. Der Vertreter stehe dem Vollmachtgeber regelmäßig näher als dem Dritten. Meist würde die Vertreterstellung für ihn auch materielle Vorteile mit sich bringen. Deshalb sei ihm dieses Risiko zuzumuten.

An eine Anwendung des § 179 II will die zweite Meinung dagegen nur denken, wenn der Vertreter die Anfechtbarkeit der Vollmachtserteilung kannte oder kennen musste. Ist dies nicht der Fall, sei es nicht interessengerecht, auch den Vertreter haften zu lassen. Der Dritte sei mit seinem Anspruch aus § 122 I analog gegen den Vertretenen bereits geschützt. Mögliche Zahlungsprobleme des Vertretenen könnten keinen Anspruch des Dritten gegen den Vertreter begründen. Wolle dieser dann seinerseits gegen den Vertreter vorgehen, stünde auch er ohne Schadensersatz dar.

Diese Ansicht ist insofern vorzugswürdig, als dem Dritten kein zusätzlicher Vorteil daraus erwachsen darf, dass sich der Geschäftspartner eines Vertreters bedient.

2. Deshalb ist der zweiten Ansicht zu folgen und dem Dritten kein Anspruch aus § 179 II gegen den Vertreter zuzubilligen.

Ergebnis: H hat neben seinem Anspruch auf Bezahlung für die Uhr „Typ 100" aus § 122 I gegen S keinen Anspruch gegen N aus § 179 II.

Fall 19

Sachverhalt

Wie Fall 18, doch H hat auch die Uhr „Typ 300“ vorrätig. N beschließt nach seiner Rückkehr aus Rügen, auch diese Uhr mittels der Bestellkarte für S zu erwerben. Bevor er die Postkarte in den Briefkasten wirft, überlegt er sich aber, die Uhr vom „Typ 300“ doch lieber selbst haben zu wollen. Weil auf der Bestellkarte kein Platz mehr ist, beklebt er sie mit einem Zettel. Dort vermerkt er, dass er die Uhr „Typ 300“ für sich selbst bestellt und fügt seine Anschrift dazu. Durch den Posttransport geht der aufgeklebte Zettel verloren.

Fünf Tage später meldet sich N erbost bei H. N fragt H, warum er S die Uhr „Typ 300“ geschickt habe. Auf die Karte hingewiesen, erklärt N, der angeklebte Zettel sei nicht bei ihm angekommen. N verlangt, dass H die Uhr von S zurückverlangt und ihm, dem N, überlässt. H weist das zurück. Zwei Tage später erhält H ein Paket von S mit den Uhren. S schreibt, er wolle die Uhr „Typ 300“ um des Familienfriedens willen zurückgeben.

Von wem kann H die Bezahlung der Uhr „Typ 300“ verlangen? H hatte zudem Versandkosten für diese Uhr in Höhe von 5 Euro. Kann er diese von N ersetzt verlangen?

Lösung

A. Anspruch des H gegen S auf Bezahlung der Uhr „Typ 300“ aus § 433 II

H könnte einen Anspruch auf Bezahlung von 280 Euro aus § 433 II gegen S haben.

I. Dann müsste zwischen H und S ein Kaufvertrag über die Uhr „Typ 300“ gemäß § 433 II zustande gekommen sein.

1. Hier könnte ein **Vertrag** mit S durch die Bestellung des N und die Annahme durch H zustande gekommen sein. N aber könnte ein Angebot im Namen des S für die Uhr „Typ 300“ abgegeben haben, das Folgen für S entfaltete. Dazu müsste N Vertreter des S sein.

Dies ist nach § 164 I der Fall, wenn er eine eigene Willenserklärung in fremdem Namen mit **Vertretungsmacht** abgegeben hat.

a) N hat das Angebot abgeschickt und damit eine eigene Willenserklärung abgegeben.

b) N müsste **in fremdem Namen** gehandelt haben. Fraglich ist, ob dies geschehen ist und in wessen Namen N die Uhr „Typ 300" bestellt hat.

aa) N hat ein Angebot zur Bestellung der Uhr für sich selbst abgegeben. Dieses Angebot ist in Form einer mit einem Zettel versehenen Bestellpostkarte in den Rechtsverkehr gelangt. **Das Angebot wird wirksam, wenn es zugegangen ist.** Hier ist die Bestellpostkarte mit Zettel nicht in den Macht- und Organisationsbereich des H gelangt. Somit ist das Angebot nicht gemäß § 130 I zugegangen. Also ist die Eigenbestellung des N nicht wirksam.

bb) N könnte die Uhr für S bestellt haben (§ 164 I). Die Willenserklärung, die H zuging, muss **ausgelegt** werden. Nach seinem Willen wollte N die Uhr für sich selbst bestellen und nicht für S. **Nach §§ 133, 157 ist eine Erklärung aber nach dem objektiven Empfängerhorizont ausgelegt werden.** Man muss prüfen, wie die Erklärung für einen objektiven Dritten in der Rolle des H zu verstehen war. Der Name des S war auf der Bestellpostkarte eingetragen. Danach ist davon auszugehen, dass N die Uhr für S bestellen wollte. Also hat N aus der **objektiven Empfängerperspektive** in fremdem Namen gehandelt und die Uhr für S bestellt. Somit hat N auch offenkundig gehandelt.

c) N müsste gemäß § 167 bevollmächtigt worden sein. S hat in seinem Brief N eine Spezialvollmacht zum Kauf der Uhr „Typ 300" erteilt. Also ist N bevollmächtigt und handelt innerhalb seiner Vertretungsmacht, während er das Angebot abgibt.

2. H könnte das Angebot angenommen haben. Er verschickt die Uhr „Typ 300" an S. Ein gesonderter Zugang einer Annahmeerklärung beim Besteller wird nicht erwartet, wenn man von einem Händler kauft. Vielmehr wird auf den Zugang einer solchen Annahmeerklärung nach § 151 S. 1 verzichtet.

Zwischen H und S ist folglich ein Kaufvertrag über die Uhr „Typ 300" gemäß § 433 II zustande gekommen. Somit ist der Kaufpreisanspruch des H entstanden.

II. S könnte sein Angebot aber gemäß § 142 I **angefochten** haben. Dann müsste S eine Anfechtungserklärung abgegeben haben. Der Anfechtende muss zum Ausdruck bringen, dass er an dem Geschäft nicht festhalten will. Hier erklärt S, er wolle die Uhr aus familiären Gründen zurückgeben. Diese Erklärung ist mangels eines möglichen Anfechtungsgrundes schon nicht als Anfechtung, sondern als Bitte um eine Gefälligkeit (Rücknahme der Uhr), auszulegen. Somit kann S sein Angebot zum Kauf der Uhr „Typ 300" nicht gemäß § 142 I anfechten.

III. Durch das Zurückschicken der Uhr „Typ 300" an H könnte S sein durch N verlautbartes Angebot nach § 312 I i.V.m. § 355 **widerrufen** haben. Fraglich ist aber, ob die Voraussetzungen des § 312 I 1 Nr. 2 vorliegen. Die Bestellpostkarte wurde von N erst Tage nach Ende der Freizeitveranstaltung ausgefüllt. Zu diesem Zeitpunkt fehlten weitere Beeinflussungselemente durch den Verkäufer, und das Freizeiterlebnis war schon abgeklungen. Also liegt eine Freizeitveranstaltung im Sinne von § 312 I 1 Nr. 2 nicht vor. Folglich hat S kein Widerrufsrecht nach § 312 I i.V.m. § 355 für den Kauf der Uhr „Typ 300" gegenüber H.

IV. Möglicherweise hat aber **N** das Geschäft **angefochten**. In seiner Erklärung, H möge die Uhr von S zurückverlangen und ihm überlassen, könnte N das Angebot angefochten haben.

1. Fraglich ist, ob eine Anfechtung **überhaupt möglich** ist. N könnte gemäß § 164 II von einer Anfechtungsmöglichkeit ausgeschlossen sein. Gemäß § 164 II wirkt das Rechtsgeschäft für den Vertreter, wenn nicht erkennbar wurde, dass dieser eine Willenserklärung in fremden Namen abgab. Da N die Willenserklärung in fremden Namen abgegeben hat, liegt ein solcher Fall hier nicht vor.

a) Umstritten ist, ob § 164 II auch in den Fällen anzuwenden ist, in denen **der Wille, in eigenem Namen zu handeln, nicht erkennbar wird, gleichzeitig aber kein Wille vorhanden ist, in fremdem Namen zu handeln**. Im vorliegenden Fall ist also fraglich, ob die N seine Willenserklärung anfechten kann.

aa) Eine Meinung bejaht dies mit Rücksicht auf die **Sicherheit im Rechtsverkehr**. Sie befürwortet eine analoge Anwendung des § 164 II. Somit könnte die Willenserklärung des N nicht angefochten werden.

bb) Dagegen verneint die herrschende Lehre eine analoge Anwendung des § 164 II unter Hinweis auf den **Schutzzweck der Norm**. Demnach bestünde für N ein Recht, seine Erklärung anzufechten.

cc) Die Meinungen kommen zu unterschiedlichen Ergebnissen. Deshalb ist eine Streitentscheidung notwendig. Die erste Meinung argumentiert mit der Sicherheit im Geschäftsverkehr. **Dieser müsse Erklärungen so auslegen können, wie sie sich nach Treu und Glauben für den Empfänger darstellen.** Entscheidend seien das Vorliegen der Vertretungsmacht sowie einer Erklärung, die unter objektiven Umständen als Vertretererklärung auszulegen ist. Der Wille, als Vertreter zu handeln, sei nicht erforderlich. Im Rechtsverkehr käme es grundsätzlich allein auf den erklärten Willen an. Dass für das Recht der Stellvertretung etwas anderes gelten solle, sei nicht einzusehen.

Dagegen weisen die Vertreter der Gegenansicht darauf hin, dass der Geschäftsverkehr im umgekehrten Fall des § 164 II **nicht schutzwürdig** sei. Eine Regelungslücke liege nicht vor. Schließlich sei man nicht ohne Partner, sondern sähe sich lediglich einem anderen Partner gegenüber. Gegenüber diesem könne man immerhin Ansprüche geltend machen. Infolgedessen greife der Zweck des Gesetzes hier nicht. Wenn der Dritte also nicht mehr schutzwürdig sei, könne man dem Vertreter ohne Vertretungswillen das Anfechtungsrecht nicht entziehen. Dieser Meinung ist zu folgen.

Infolgedessen ist es möglich, die Erklärung des N anzufechten.

b) N hat eine Anfechtungserklärung abgegeben. Umstritten ist, ob ihm ein solches Anfechtungsrecht zusteht.

aa) Eine Meinung will dem Vertretenen als Vertragspartner das Anfechtungsrecht zugestehen. Also könnte S im vorliegenden Fall anfechten. S eine Anfechtung nicht erklärt. Folglich wäre die Anfechtung hier nicht wirksam.

bb) Eine zweite Auffassung will dem Erklärenden, also dem Vertreter wider Willen, das Anfechtungsrecht zubilligen. Damit könnte N hier anfechten.

cc) Schließlich möchte eine dritte Meinung beiden das Recht zur Anfechtung geben. Somit könnten sowohl N als auch S davon Gebrauch machen.

dd) Nach der ersten Meinung ist nur der Vertretene **anfechtungsberechtigt**. Er sei in den Augen des Dritten der Vertragspartner. Auch wenn der Vertretene den Vertrag geschlossen habe, wirke der Vertrag doch unmittelbar für und gegen den Vertretenen. Bei Irrtümern des Vertreters habe der Vertretene gemäß § 166 I ein Anfechtungsrecht.

Dagegen verweist die zweite Auffassung darauf, dass der Vertreter für sich selbst abschließen wollte. Der Vertretene habe gar keine Veranlassung zu einer Anfechtung, habe er doch zuvor Vertretungsmacht für das Rechtsgeschäft erteilt. **Dass einem Erklärenden die immer ansonsten in allen Fällen zugestandene Befugnis zur Anfechtung seiner Erklärung nicht vorenthalten werden kann, ist überzeugend.** Somit ist der zweiten Meinung folgend N hier nicht gemäß § 164 II von der Anfechtungsmöglichkeit ausgeschlossen, sondern gemäß § 142 I anfechtungsberechtigt.

2. N könnte aus der **falschen Übermittlung seiner Bestellkarte** einen **Anfechtungsgrund gemäß § 120** haben. Nach dieser Vorschrift kann eine Willenserklärung, welche durch die zur Übermittelung verwendete Person oder Einrichtung unrichtig übermittelt worden ist, unter der gleichen Voraussetzung angefochten werden wie nach § 119 eine irrtümlich abgegebene Willenserklärung.

a) Der Erklärende muss sich zur Übermittlung seiner Willenserklärung einer Person oder Einrichtung bedienen. N hat die **Post** eingeschaltet, um seine Erklärung zu übermitteln. Er hat sich also einer Übermittlungseinrichtung bedient.

b) Die Erklärung müsste **unrichtig übermittelt** worden sein. Dies ist auch der Fall, wenn die Nachricht auf ihrem Transportweg durch eine Störung verfälscht wird. In diesen Fällen liegt das Risiko der Falschübermittlung beim Erklärenden. Hier hat die Post als eingeschalteter Übermittlungsbote die Bestellpostkarte zwar zugestellt, aber ohne den angeklebten Zettel. Der Zettel ist im Rahmen des Zustellungsprozesses verloren gegangen. Dadurch wurde die Erklärung verfälscht. Folglich liegt eine unrichtige Übermittlung vor.

c) § 120 greift nur ein, wenn ein Bote die Erklärung **unbewusst unrichtig** übermittelt. Nicht erfasst werden solche Fälle, in denen der Bote die Willenserklärung bewusst verfälscht oder insgesamt frei erfindet. Der Fehler bei der Post wurde nicht vorsätzlich verursacht. Also sind die Voraussetzungen des § 120 erfüllt. N hat einen Anfechtungsgrund.

3. N müsste nach § 143 I **gegenüber dem richtigen Anfechtungsgegner** angefochten haben. Der andere Teil ist gemäß § 143 II der H. N hat H gegenüber angefochten. Damit hat N den richtigen Anfechtungsgegner gewählt.

4. N müsste gemäß § 121 I **ohne schuldhaftes Zögern** anfechten. Er hat unverzüglich angefochten, nachdem H die Uhren an S geschickt hatte. Damit hat N die Frist nach § 121 I gewahrt.

Durch die Anfechtung ist die Erklärung des ex tunc nach § 142 I nichtig.

Ergebnis: V hat keinen Anspruch auf Zahlung von 280 Euro aus § 433 II gegen S.

B. Anspruch des H gegen N auf Bezahlung der Uhr „Typ 300“ aus § 433 II

H könnte einen Anspruch auf Bezahlung von 280 Euro aus § 433 II gegen N haben. Dann müsste zwischen H und N ein Kaufvertrag über die Uhr „Typ 300“ gemäß § 433 zustande gekommen sein. N könnte durch die Erklärung an H, dieser möge ihm die Uhr überlassen, ein Angebot abgegeben haben. H weist dieses Angebot des N jedoch zurück. Also ist zwischen H und N kein Kaufvertrag über die Uhr „Typ 300“ nach § 433 zustande gekommen.

Ergebnis: H hat keinen Anspruch auf Zahlung von 280 Euro aus § 433 II gegen N.

C. Anspruch des H gegen N auf Bezahlung seiner Versandkosten für die Uhr „Typ 300“ aus § 122 I

H könnte einen Anspruch aus § 122 I auf Bezahlung seiner Versandkosten in Höhe von 5 Euro für die Uhr „Typ 300“ gegenüber N haben. Dann müsste N sein Angebot, auf das H gutgläubig vertraut hatte, wirksam angefochten haben. Dies ist hier geschehen.

H müsste einen Schaden haben. Im Rahmen von § 122 I ist der Vertrauensschaden (negatives Interesse) ersatzfähig. Der Anfechtungsgegner muss so gestellt werden, als ob er von dem Geschäft niemals gehört hätte.
Durch die wirksame Anfechtung des Kaufvertrages zwischen H und S hat N Aufwendungen verursacht, die H gutgläubig getätigt hat, verursacht. Die Versandkosten sind ein Vertrauensschaden und gemäß § 122 I ersatzfähig. Somit kann H sein negatives Interesse in Höhe von 5 Euro für die Uhr „Typ 300“ gegenüber N geltend machen.

Ergebnis: Folglich hat H gegen N einen Anspruch auf Bezahlung seiner Versandkosten in Höhe von 5 Euro für die Uhr „Typ 300“ aus § 122 I.

Fall 20

Sachverhalt

Sylvia (S) handelt mit alten Stadtansichten von Trier. In ihrem Geschäft hatte bereits Anna (A) des Öfteren solche Stiche im Namen und Auftrag der Mascha (M) gekauft. Sonst wurde A nicht für M tätig. Nachdem sich A mit M zerstritten hatte, entdeckte sie in der Auslage der S den Stich „Porta Nigra, Trier". A hält diesen Stich für ein Werk des berühmten Kupferstechers Dirk von Borchardt, offenbart diese Vermutung aber der S nicht. Für ihr Angebot von 500 Euro erhält A den Stich. Sie erklärt S, dass der Stich – wie immer – für M gekauft und dass M – wie immer – zahlen werde. M weigert sich nach Rechnungserhalt zu zahlen. Zum einen sei A nicht bevollmächtigt gewesen. Zum anderen stamme der Stich nicht von Dirk von Borchardt, sondern von einem Kupferstecher namens Benni und sei – was zutrifft – allenfalls 50 Euro wert.
Kann S die 500 Euro von M verlangen?

Lösung

Anspruch der S gegen M auf Zahlung von 500 Euro für den Stich aus § 433 II

S könnte gegen M einen Anspruch auf Zahlung in Höhe von 500 Euro aus § 433 II für den Stich haben.

I. Dazu müsste zunächst ein Kaufvertrag geschlossen worden sein. Ein Kaufvertrag kommt durch zwei inhaltlich übereinstimmende, mit Bezug aufeinander abgegebene Willenserklärungen zustande, wobei man die zeitlich vorangehende als Angebot bezeichnet, die darauf folgende als Annahme.

1. Ein **Angebot** könnte in der Auslage des Stichs durch S liegen. Fraglich ist aber, ob durch die Auslage ein Rechtsbindungswille zum Ausdruck kommt. Auslagen sind bloße Aufforderungen zu Offerten und bringen keinen Willen zu einer rechtlichen Bindung zum Ausdruck. Bei der Auslage der S handelt es sich somit um eine unverbindliche Aufforderung zur Abgabe eines Angebots (**invitatio ad offerendum**).

2. Ein Angebot könnte in den angebotenen 500 Euro durch A liegen. Ein Angebot ist eine empfangsbedürftige Willenserklärung, durch die ein Vertragsschluss einem Anderen so angetragen wird, dass nur von dessen Einverständnis das Zustandekommen des Vertrages abhängt. Dies ist hier der Fall. Weiterhin muss das Angebot **bestimmt** sein, das heißt, die essentialia **negotii** müssen vereinbart sein. Hier stehen die Vertragspartner, der Kaufgegenstand sowie 500 Euro als Preis fest. Damit ist das Angebot hinreichend bestimmt.

M hat dieses Angebot nicht selbst abgegeben. Dafür könnte A aber als Vertreterin der M aufgetreten sein. Gemäß § 164 I 1 wirkt das von A gegenüber S erklärte Vertragsangebot **unmittelbar für und gegen M**, wenn A die M wirksam vertreten hat. Dies ist der Fall, wenn A die Willenserklärung im Namen der M innerhalb einer ihr zustehenden **Vertretungsmacht** abgegeben hat. A hat sich so verhalten, dass S nach dem objektiven Empfängerhorizont davon ausgehen durfte, A würde sie eine eigene Willenserklärung im Namen der M abgeben.

Fraglich ist folglich, ob A Vertretungsmacht zur Abgabe des Vertragsangebotes im Namen der M hatte. Dies ist der Fall, wenn A im Rahmen einer ihr von M erteilten **Vollmacht** gehandelt hat.

a) Eine ausdrücklich gegebene Vollmacht liegt nicht vor. Es könnte eine vor dem Streit erteilte Vollmacht möglicherweise für künftige Käufe fortdauern. Allerdings hat M im Rahmen des Streits konkludent zum Ausdruck gebracht, dass sie kein Tätigwerden der A für sie mehr wünscht. Damit hat M die Vollmacht wirksam widerrufen, § 168 Satz 1. A war also nicht Vertreterin der M nach § 164 I.

b) A hat bereits öfter im Namen der M bei S gekauft. Ihr Auftreten erweckte den **Anschein**, sie handele im Auftrag und mit Vollmacht der M. Fraglich ist, ob das Vertrauen der S in die Vertretungsmacht der A geschützt wird. **Grundsätzlich ist ein solcher Glaube an die Vertretungsmacht nicht geschützt.** Es fehlt an einer entsprechenden Rechtsform wie bei anderen Fällen des Gutglaubensschutzes, vgl. §§ 142 II, 896, 932. Trotzdem hat die Rechtsprechung mit der **Duldungs- und Anscheinsvollmacht** das Vertrauen eines Dritten für schutzwürdig erklärt, sofern der Rechtsschein einer Bevollmächtigung hervorgerufen worden ist.

aa) Zunächst ist eine **Duldungsvollmacht** zu prüfen. Eine solche liegt vor, wenn der Vertretene zwar keine Vollmacht erteilt hat, aber weiß und duldet, dass jemand als sein Vertreter auftritt. M wusste nicht, dass A nach dem Streit bei S kaufen würde. Folglich ist eine Duldungsvollmacht nicht gegeben.

bb) Möglicherweise liegt eine **Anscheinsvollmacht** vor. Eine solche umfasst den Tatbestand, in dem jemand das Tätigwerden eines anderen für ihn unbewusst fahrlässig duldet.

aaa) Zunächst muss M **zurechenbar einen Rechtsschein gesetzt** haben. Der Geschäftspartner muss also nach den Umständen auf eine Bevollmächtigung schließen dürfen. A hatte in der Vergangenheit des Öfteren für M gekauft. M hat dies durch Zahlung der Rechnungen bestätigt und damit den Rechtsschein laufender Vertretung durch A zurechenbar gesetzt. Es wurde dadurch der Anschein einer fortbestehenden Vollmacht erweckt.

bbb) Das vom Geschäftsherrn veranlasste Vertrauen muss **ursächlich** für den Entschluss des Geschäftsgegners geworden sein. S veräußerte den Stich in dem Glauben, sie kontrahiere mit M.

ccc) Weitere Voraussetzung ist, dass der Geschäftsherr das Verhalten des Vertreters bei Beachtung der erforderlichen Sorgfalt kennen musste und hätte verhindern können.

Fraglich ist, ob M mit dem Verhalten der A rechnen musste. M hätte wissen können, dass A möglicherweise weiterhin „einkaufen" würde, zumal A nur bei S für sie tätig war. Damit hätte M erkennen müssen, dass A möglicherweise weiterhin unter ihrem Namen auftritt. Sie hätte dies durch einen kurzen Anruf bei S verhindern können.

ddd) Der Geschäftsgegner muss **schutzwürdig** gewesen sein. S wusste nichts von dem Streit. Sie durfte daher weiterhin von einer Bevollmächtigung ausgehen. Folglich war S schutzwürdig.

Also liegen die Voraussetzungen einer Anscheinsvollmacht vor. Das Auftreten des A wird M im Wege des Rechtsscheins zugerechnet. Das Vertragsangebot wirkt damit für und gegen M.

3. Das Angebot wurde von S angenommen.

Damit liegt ein Kaufvertrag über den Stich „Porta Nigra, Trier" vor.

II. Der Kaufvertrag könnte jedoch wegen Anfechtung nach § 142 I ex tunc **unwirksam** sein. Eine wirksame Anfechtung setzt eine Anfechtungserklärung gegenüber dem richtigen Anfechtungsgegner, einen Anfechtungsgrund und die Wahrung der Anfechtungsfrist voraus.

1. Zunächst müsste M die **Anfechtung** gegenüber S erklärt haben. M weigert sich zu zahlen. Hierin kommt der Wille der M zum Ausdruck, das Vertragsangebot als unwirksam zu betrachten. Die Erklärung enthält zwar nicht den Begriff „Anfechtung", ist aber als solche auszulegen und ist S als richtiger Anfechtungsgegnerin gemäß § 143 II zugegangen (§ 130 I).

2. Weiterhin bedürfte es eines **Anfechtungsgrundes**. Gemäß § 166 I ist der Irrtum des Stellvertreters für eine Irrtumsanfechtung durch den Geschäftsherrn entscheidend. § 166 I gilt erst recht, wenn der „Vertretene" lediglich über eine Anscheinsvollmacht verpflichtet wurde. Hier müsste also ein Irrtum der A vorliegen.

a) In Betracht kommt ein **Inhaltsirrtum** nach § 119 I Var. 1. Bei einem Irrtum über den Erklärungsinhalt will der Erklärende zwar die Erklärung in ihrer tatsächlichen Form abgeben. Er wollte ihr aber einen anderen Inhalt geben und irrt dementsprechend über Tragweite und Bedeutung seiner Erklärung. **Es fallen also der objektive Erklärungswert der Erklärung und die subjektive Vorstellung des Erklärenden auseinander.** A wollte den Stich für 500 Euro kaufen. Dies hat sie auch erklärt. Damit stimmen die subjektive Vorstellung der A und der objektive Gehalt ihrer Erklärung überein. Es liegt kein Inhaltsirrtum nach § 119 I Var. 1 vor.

b) In Betracht kommt allerdings ein **Erklärungsirrtum** nach § 119 I Var. 2. Ein Erklärungsirrtum liegt vor, wenn eine andere Erklärung abgegeben wird als abgegeben werden soll (**versprechen, verschreiben**). A hatte die Urheberschaft des Kupferstechers Dirk von Borchardt nicht zum Inhalt ihres Angebots gemacht. Adressatin des Angebots war S. Dieser gegenüber wollte A ihre Vermutung sogar verheimlichen, um den Stich günstig erwerben zu können. Der Glaube der A an die Urheberschaft des Dirk von Borchardt war lediglich ein unbeachtliches Motiv zur Abgabe der Willenserklärung, also der Willenserklärung vorgelagert und nicht deren Inhalt. Es liegt lediglich ein Motivirrtum, mithin ein Irrtum beim Willensentschluss vor, der keinen Ausdruck in der Erklärung gefunden hat. Ein Anfechtungsgrund nach § 119 I Var. 2 scheidet aus.

c) Zuletzt kommt noch ein **Eigenschaftsirrtum** nach § 119 II in Betracht. Dies würde voraussetzen, dass sich A über eine im Verkehr als wesentlich angesehene Eigenschaft des Stiches geirrt hat. Es ist aber keine wesentliche Eigenschaft eines als von einem unbekannten Kupferstecher ausgestellten Bildes, dass es von einem bestimmten Künstler stammt, den sich der Käufer vorstellt**. Eine wesentliche Eigenschaft im Sinne des § 119 II muss gerade für das geschlossene Geschäft von Bedeutung sein** und irgendwie im Vertrag oder bei Vertragsverhandlungen zum Ausdruck kommen. Von wem der Stich stammte, war hier aber nicht Gegenstand des Vertrags oder der Vertragsverhandlungen. Damit kommt ein Eigenschaftsirrtum nach § 119 II nicht in Betracht.

Folglich liegt kein Anfechtungsgrund vor. Der Kaufvertrag ist nicht wegen Anfechtung nach § 142 I ex tunc unwirksam.

Ergebnis: S hat gegen M einen Anspruch auf Zahlung aus § 433 II in Höhe von 500 Euro Zug um Zug gegen Übereignung des Kupferstichs.

Fall 21

Sachverhalt

Publizistikstudent Patrick (P) geht in eine Buchhandlung in Mainz, ohne zu bemerken, dass es sich um das Antiquariat der juristischen Fachbuchhandlung *Scherell & Mundt* handelt und verlangt dort „den Medicus in Erstauflage". Dabei denkt er an den ehemaligen Bestseller „Der Medicus" von *Noah Gordon*. Der Verkäuferin V, die erst einen Tag im Antiquariat arbeitet, ist der berühmte juristische Titel „Bürgerliches Recht" von *Dieter Medicus* unbekannt. Sie geht daher davon aus, dass P das Buch von *Noah Gordon* meint. Da das Buch erst beim antiquarischen Großhändler bestellt werden muss, lässt sich V von P einen Kaufvertrag („1 x Medicus für 19,90 Euro") unterzeichnen. Als P von V nach seinem Namen gefragt wird, gibt er sich aus Spaß wahrheitswidrig als „Gordon T. Wilmore" aus. Mit diesem Namen unterschreibt er auch den Vertrag. Hat die Buchhandlung einen Anspruch gegen P auf Zahlung?

Lösung

Anspruch der Buchhandlung gegen P aus § 433 II

Die Buchhandlung könnte gegen P einen Anspruch auf Bezahlung des Buches „Der Medicus" von Noah Gordon aus § 433 II haben.

1. Dazu müsste zwischen P und der Buchhandlung ein Kaufvertrag über das Buch von Noah Gordon geschlossen worden sein. Ein Kaufvertrag kommt durch zwei inhaltlich übereinstimmende Willenserklärungen, Angebot und Annahme zustande.

a) P hat in der Buchhandlung „den Medicus" verlangt. Damit hat er zwar die Kaufsache bestimmt, aber noch nicht den Kaufpreis. Zu den **essentialia negotii** gehört allerdings auch der Kaufpreis. Bei Neubüchern besteht eine Buchpreisbindung, weshalb man auf die Angabe des Preises verzichten kann. Diese Buchpreisbindung gilt aber nicht im Antiquariat. Daher ist die Erklärung des P, er wolle „den Medicus" kaufen, noch kein Angebot. Es handelt sich vielmehr um eine invitatio ad offerendum.

b) Ein Angebot der Buchhandlung könnte indes in der Abfassung des schriftlichen Kaufvertrags durch V liegen.

aa) V müsste Vertreterin des Inhabers der Buchhandlung im Sinne des § 164 I gewesen sein. V hat eine eigene Willenserklärung abgegeben. Aus den Umständen ergibt sich, dass sie die Erklärung für den Inhaber der Buchhandlung abgibt. Es ist davon auszugehen, dass sie auch mit Vertretungsmacht handelt. Als Ladenangestellte gilt sie darüber hinaus nach § 56 HGB als zur Abwicklung von Verkäufen ermächtigt. Folglich war V Vertreterin des Inhabers der Buchhandlung. Im Ausfertigen des Kaufvertrages „1 x Medicus für 19,90 Euro" liegt ein Angebot zum Abschluss eines Kaufvertrags, das für die Buchhandlung wirkt.

bb) Fraglich ist, wie das Angebot inhaltlich auszulegen ist. **Willenerklärungen sind noch dem subjektiven Willen mit Rücksicht auf die Verkehrssitte nach §§ 133, 157 auszulegen.** Es kommt auf den objektiven Empfängerhorizont an. In einer juristischen Fachbuchhandlung, die ausschließlich juristische Bücher führt, ist davon auszugehen, dass mit „Medicus" das juristische Standardwerk „Bürgerliches Recht" von Dieter Medicus gemeint ist. Eine andere Auslegung ist lebensfremd.

V hat damit ein Angebot zum Verkauf des Buches von Dieter Medicus unterbreitet.

c) Dieses Angebot müsste P **angenommen** haben. Er war mit dem Kauf einverstanden. Nach §§ 133, 157 ist auch seine Erklärung auszulegen. P befindet sich in einer juristischen Fachbuchhandlung. Daher muss ein objektiver Dritter in der Person des Erklärungsempfängers davon ausgehen, dass auch er das Buch von Dieter Medicus meint.

Fraglich ist allerdings, ob P durch das Ausfüllen des Vertrages selbst verpflichtet wurde. Er füllte den Kaufvertrag nicht mit seinem eigenen Namen, sondern mit dem Phantasienamen „Gordon T. Wilmore" aus. P hat eine eigene Willenserklärung abgegeben. Er könnte aber in fremdem Namen gehandelt haben.

Abzugrenzen vom Handeln *in fremdem Namen* ist das Handeln *unter fremdem Namen.* Beim Handeln unter fremdem Namen kommt es dem Geschäftspartner darauf an, mit dem Namensträger zu kontrahieren. Dies ist bei wichtigen Geschäften der Fall, bei dem es auf die Seriosität und Solvenz oder bestimmte Fähigkeiten des Geschäftspartners ankommt. Voraussetzung ist, dass der Name, der verwendet wird, beim Geschäftspartner bekannt ist.

Fraglich ist, wie diese Konstellation rechtlich zu behandeln ist. § 164 I setzt voraus, dass der Handelnde zu Ausdruck bringt, dass er das Geschäft für einen anderen abschließen will. Dies ist beim Handeln unter fremdem Namen nicht der Fall. §§ 164 ff. könnten allerdings analog anwendbar sein. Dazu müssten eine **planwidrige Regelungslücke** und eine **vergleichbare Interessenlage** vorliegen. Der Fall des Handelns unter fremdem Namen ist im Gesetz nicht geregelt. Folglich liegt eine planwidrige Regelungslücke vor. Die Interessenlage beim Handeln unter fremdem Namen müsste mit der Lage bei Handeln in fremdem Namen vergleichbar sein. In beiden Fällen will der Vertragspartner mit dem wahren Namensträger abschließen. Eine Anwendung der §§ 164 ff. hätte im Übrigen zur Folge, dass der wahre Namensträger das Geschäft des unter fremdem Namen Handelnden genehmigen könnte, was zur Folge hätte, dass der Geschäftspartner den Vertrag erhält, den er anstrebte. Ansonsten kann er sich nach §§ 177 ff. an den Handelnden halten. Diese Lösung ist interessengerecht. Folglich sind §§ 164 ff. auf das Handeln unter fremdem Namen anwendbar.

Vorliegend wollte die Buchhandlung nicht mit einer bestimmten Person kontrahieren. Der Name des Handelnden war **kein Individualisierungsmerkmal** für den Vertragspartner. Daher liegt ein Eigengeschäft des Handelnden vor (sog. **Handeln unter falscher Namensangabe**). Durch das Geschäft wurde P verpflichtet.

d) Angebot und Annahme decken sich inhaltlich. Die Auslegung ergibt in beiden Fällen, dass der Kaufgegenstand das Buch „Bürgerliches Recht“ von Dieter Medicus ist. Der Wille beider Parteien wich indes von dieser objektiven Auslegung ab: P wollte das Buch von Noah Gordon kaufen und V wollte dieses Buch auch verkaufen. Nach § 166 I kommt es bei der Beurteilung **subjektiver Elemente** auf den **Vertreter** an. Es liegt folglich ein übereinstimmender Irrtum vor. Bei einem beiderseitigen Inhaltsirrtum gilt die Rechtsregel, dass eine übereinstimmende Falschbezeichnung nicht schadet („falsa demonstratio non nocet“). Der Vertrag ist damit nicht über das Bezeichnete, sondern über das übereinstimmend tatsächlich Gewollte zustande gekommen.

e) Folglich haben P und die Buchhandlung einen Kaufvertrag über das Buch von Noah Gordon geschlossen.

2. Ergebnis: Die Buchhandlung hat gegen P einen Anspruch auf Zahlung von 19,90 Euro aus § 433 II Zug um Zug gegen Übereignung des Buches.

Fall 22

Sachverhalt

Psychologieprofessor P erwirbt ein neues Fachbuch „Psychologische Aspekte der Neurophysiologie". Er beauftragt seine studentische Hilfskraft H, die Vorauflage des Buches, die er nun nicht mehr benötigt, zum bestmöglichen Preis an einen Kommilitonen zu verkaufen. H erzählt ihren Kommilitonen von dem Buch des P. Im Semester der H interessieren sich die Studentin O und der Student S für das gebrauchte Buch. Beide wissen nichts vom Interesse des jeweils anderen. O bietet 35 Euro und S bietet 50 Euro. Da H mit O befreundet ist, veräußert sie das Buch für 35 Euro an O, die das Buch bei P abholen soll.

Kann O von P Übereignung des Buches verlangen?

Variante: Ändert sich etwas, wenn O wusste, dass S mehr geboten hatte, aber O und H darin übereinstimmen, dass P genug Geld hat?

Lösung

Anspruch der O gegen P aus § 433 I 1

O könnte einen Anspruch gegen P auf Übergabe und Übereignung des Fachbuchs aus § 433 I 1 haben.

1. Dazu müsste zwischen beiden ein **wirksamer Kaufvertrag** geschlossen worden sein. P hat sich mit O nicht geeinigt. Allerdings sind H und O darin übereingekommen, dass das Buch für 35 Euro verkauft werden soll.

a) Die Erklärung der H könnte für und gegen P wirken. Dazu müsste H Stellvertreterin des P nach § 164 I gewesen sein. Das setzt voraus, dass sie eine eigene Willenserklärung in fremdem Namen mit Vertretungsmacht abgegeben hat.

aa) H müsste eine **eigene Willenserklärung** abgegeben haben. H wurde überlassen, zu welchem Preis sie das Buch verkauft, solange es der Höchstpreis ist. Damit wurde H ein Spielraum eingeräumt. Folglich gab H eine eigene Willenerklärung ab.

bb) Diese müsste **in fremdem Namen** abgeben worden sein. H legte offen, dass sie das Buch für P veräußerte. Daher handelte sie in fremdem Namen.

cc) Des Weiteren müsste H **Vertretungsmacht** gehabt haben. Hier kommt eine Innenvollmacht des P nach § 167 I Var. 1 in Betracht. H wurde rechtsgeschäftlich von P ermächtigt, das Buch zu verkaufen. Daher liegt eine Vollmacht vor.

Fraglich ist jedoch der Umfang dieser Vollmacht. Die Vollmacht war in keiner Weise beschränkt (**sog. rechtliches Können**). Allerdings ist H aufgrund des zwischen ihr und P bestehenden Auftragsverhältnisses (§ 662) verpflichtet, bei dem Verkauf des Buches die Interessen des A zu wahren. H war verpflichtet, das Fachbuch zum höchstmöglichen Preis zu verkaufen. **Sie durfte von der Vollmacht nur in einer die Interessen des P wahrenden Form Gebrauch machen (sog. rechtliches Dürfen).** H hat das Buch nicht zum bestmöglichen Preis verkauft. Sie hat ihr rechtliches Dürfen überschritten. Fraglich ist, wie sich das Auseinanderfallen von rechtlichem Können und rechtlichem Dürfen auf die Wirksamkeit des Geschäfts auswirkt. Gegenüber dem Dritten kommt es allein auf das Bestehen und den Umfang der Vollmacht an. Verstöße gegen das rechtliche Dürfen betreffen nur das Innenverhältnis zwischen Vertreter und Vollmachtgeber. Sie lassen die Wirksamkeit und den Umfang der Vollmacht unberührt.

Folglich handelte H mit Vertretungsmacht.

dd) Die Berufung der O auf die Vollmacht der H könnte jedoch **missbräuchlich** sein. Grundsätzlich hat der Vertretene das Risiko des Vollmachtsmissbrauchs zu tragen; den Vertragspartner trifft keine Prüfungspflicht, ob und inwieweit der Vertreter im Innenverhältnis beschränkt ist. Von dieser Regel existieren allerdings zwei Ausnahmen, nämlich die Fälle der **Evidenz** und der **Kollusion**.

aaa) Evidenz liegt vor, wenn der Vertretene seine Vertretungsmacht offensichtlich und für den Vertragspartner erkennbar missbraucht. Der Vertreter muss also von seiner Vertretungsmacht in **ersichtlich verdächtiger Weise** Gebrauch machen, die beim Vertragspartner begründete Zweifel entstehen lässt, ob nicht ein Treueverstoß des Vertreters gegenüber dem Vertretenen vorliegt. O hatte keine Verdachtsmomente, dass H ihre Vollmacht missbrauchen könnte. Von dem besseren Angebot des S wusste O nichts. Nach den gegebenen

Umständen bestand nicht die Notwendigkeit einer Rückfrage bei P. Ein evidenter Missbrauch ist nicht gegeben.

bbb) Es könnte aber eine **Kollusion** vorliegen. Dazu müssen der Vertreter und der Geschäftspartner einverständlich zur Schädigung des Vertretenen zusammenwirken. O hat nicht mit H bewusst zum Schaden des P zusammengewirkt. Daher liegt keine Kollusion vor.

Die Berufung der O auf die Vollmacht der H ist nicht missbräuchlich.

b) H hat P wirksam nach § 164 I vertreten.

2. Ergebnis: O hat daher einen Anspruch gegen P auf Übergabe und Übereignung des Fachbuchs aus § 433 I 1 Zug um Zug gegen Zahlung von 35 Euro.

<u>Variante</u>

Bis 1. a) dd) wie im Ausgangsfall.

aaa) Es könnte aber eine **Kollusion** vorliegen. Dazu müssen der Vertreter und der Geschäftspartner einverständlich zur Schädigung des Vertretenen zusammenwirken. O wusste, dass H ihr das Buch aufgrund der zwischen ihnen bestehenden Freundschaft für 35 Euro veräußerte, obwohl S mehr geboten hatte. O hat mit H bewusst zum Schaden des P zusammengewirkt. Daher liegt eine Kollusion vor. Die Berufung der O auf die Vollmacht der H ist missbräuchlich.

bbb) Fraglich ist, wie die rechtlichen Folgen des Missbrauchs der Vertretungsmacht aussehen.

Man könnte überlegen, § 177 I analog anzuwenden. Dann wäre der Vertrag der O mit P zunächst schwebend unwirksam war. Eine Genehmigung hat P bisher nicht erteilt. O hätte dann keinen Anspruch gegen P aus § 433 I 1 auf Übereignung des Buches.

Einige sehen im Missbrauch der Vertretungsmacht einen Fall der unzulässigen Rechtsausübung und gewähren daher dem Vertretenen gemäß § 242 die

Arglisteinrede mit der Rechtsfolge, dass der Dritte seinen Anspruch aus dem vom Vertreter für den Bevollmächtigten geschlossenen Vertrag nicht geltend machen kann (rechtshemmende Einwendung). O könnte daher ihren Anspruch auf Übereignung des Buches nicht geltend machen.

Man könnte auch vertreten, dass ein Geschäft, welches zwei Personen zum Nachteil eines Dritten abschließen, gegen die guten Sitten verstößt und damit nach § 138 I nichtig ist. O hätte daher keinen Anspruch auf Übereignung des Buches.

Alle Auffassungen kommen zum selben Ergebnis, wodurch eine Entscheidung des Streits dahinstehen kann.

2. Ergebnis: O hat gegen P keinen Anspruch auf Übergabe und Übereignung des Buches aus § 433 I 1.

Fall 23

Sachverhalt

S ist Vorsitzender des studentischen Debattierclubs „Johannes Gutenberg" in Mainz, der jeden Dienstag politische, wirtschaftliche und gesellschaftliche Themen debattiert. S hat auf einem Debattierturnier das Buch „Streitstoff" entdeckt und zwei Exemplare für je 15 Euro erworben, da er sicher ist, dass das Buch auch für seine Debattierkollegen interessant ist. Da S zum nächsten Treffen des Clubs nicht kommen kann, beauftragt er seinen Freund F, für ihn ein Exemplar zu verkaufen. F ist selbst an einem Exemplar des Buches interessiert. Daher schließt er einen Kaufvertrag über das Buch als Vertreter des S mit sich selbst ab. Den Kaufpreis legt F mit 15 Euro fest.

Hat F einen Anspruch auf Übergabe und Übereignung des Buches?

Lösung

Anspruch des F aus § 433 I 1

1. F könnte gegen S einen Anspruch auf Übergabe und Übereignung des Buches aus § 433 I 1 haben.

a) Dazu müsste zwischen S und F ein wirksamer Kaufvertrag zustande gekommen sein. Ein Kaufvertrag entsteht durch Abgabe von zwei korrespondierenden Willenserklärungen, nämlich Angebot und Annahme.

b) S selbst hat keine Erklärung abgegeben. Das Kaufvertragsangebot des F könnte allerdings für und gegen S wirken. Dazu müsste F Stellvertreter des S sein.

Dies ist nach § 164 I der Fall, wenn er eine eigene Willenserklärung in fremdem Namen mit Vertretungsmacht abgegeben hat.

aa) F hatte die **Entscheidungsspielraum** dahingehend, mit wem er den Vertrag abschließt. Er hat eine eigene Willenserklärung abgegeben.

bb) F müsste **in fremdem Namen** gehandelt haben. Sein Geschäftspartner, nämlich er selbst, wusste, dass das Buch im Namen des V verkauft wurde. F handelte also auch in fremdem Namen.

cc) F müsste mit **Vertretungsmacht** gehandelt haben. S hat F gemäß § 167 bevollmächtigt. Folglich handelt er mit Vertretungsmacht, während er das Angebot abgibt.

dd) Die Stellvertretung könnte allerdings wegen § 181 unwirksam sein. Nach § 181 ist ein **sogenanntes „Insichgeschäft"** unzulässig. Ein solches Geschäft liegt vor, wenn der Vertreter mit sich im eigenen Namen oder als Vertreter eines Dritten ein Rechtsgeschäft vornimmt, es sei denn, dass das Rechtsgeschäft ausschließlich in der Erfüllung einer Verbindlichkeit besteht.

Zweck des § 181 ist es, eine Interessenkollision zu vermeiden. Der Vertreter soll ausschließlich im Interesse des Vertretenen tätig werden. Sobald er eigene Interessen verfolgt, wird er nicht mehr die für den Vertretenen objektiv beste Lösung anstreben.

F hat vorliegend im Namen des Vertretenen mit sich selbst ein Geschäft abgeschlossen. Diese Konstellation fällt unter § 181. Rechtsfolge des § 181 ist **entgegen seinem Wortlaut die schwebende Unwirksamkeit** des Geschäfts nach § 177 I analog. Denn es ist kein Grund ersichtlich, warum das Geschäft eines tatsächlich bevollmächtigten Vertreter unwirksam sein soll, nur weil er mit sich selbst kontrahiert. Der Vertretene wird durch die Genehmigungsmöglichkeit analog § 177 I hinreichend geschützt. Dies gibt dem Vertretenen die Möglichkeit, das Geschäft nachträglich zu genehmigen.

ee) Fraglich ist, ob § 181 im vorliegenden Fall anwendbar ist. F hat das Buch für 15 Euro, also nicht unter Wert verkauft. Es liegt damit konkret keine Interessenkollision vor. Bei § 181 handelt es sich um eine formale Ordnungsvorschrift. Für die Anwendung von § 181 ist es weder nötig noch ausreichend, dass auch eine Interessenkollision im Einzelfall besteht. Folglich vermutet § 181 das **Vorliegen eines Interessenkonflikts unwiderleglich**. Somit ist § 181 anwendbar. Der Vertrag ist schwebend unwirksam.

2. S hat den Vertrag bisher nicht genehmigt.

Ergebnis: F hat gegen S keinen Anspruch auf Übergabe und Übereignung des Buches aus § 433 I 1.

Fall 24

Sachverhalt

V hat den neuen Roman von Juli Zeh an K verkauft und, als Geschenk verpackt, übergeben. Weil V zwei Bücher vertauschte (eingepackt wurde der teurere Roman von Julia Zenthöfer), kann V den Kaufvertrag wirksam anfechten. Nun ist V der Ansicht, dass neben dem Kaufvertrag auch die Übereignung des Buches nichtig sei. Er will es von K zurück haben. Zu Recht?

Lösung

I. Anspruch des V gegen K auf Herausgabe des Buches nach § 985

V könnte gegen K einen Anspruch auf Herausgabe des Buches aus § 985 haben. Dazu müsste V Eigentümer des Buches und K unberechtigter Besitzer sein.

1. Zunächst müsste V Eigentümer des Buches sein. [**Anmerkung: Wer Eigentümer ist, wird chronologisch geprüft – merken!**] Ursprünglich war V Eigentümer des Buches. Er könnte das Eigentum jedoch durch Übereignung nach § 929 S. 1 an K verloren haben. Für eine Übereignung ist notwendig, dass das Buch tatsächlich übergeben worden ist und dass sich beide Seiten darüber einig sind, dass das Eigentum übergehen soll.

a) Eine tatsächliche Übergabe des Buches ist laut Sachverhalt erfolgt.

b) Es ist auch nicht erkennbar, dass die notwendige Einigung, also ein dinglicher Vertrag aus zwei korrespondierenden Willenserklärungen über den Eigentumsübergang, fehlte. Jedoch könnte dieser dingliche Vertrag nachträglich durch Anfechtung nach § 142 I unwirksam geworden sein. Im vorliegenden Fall kann V nur den Kaufvertrag wirksam anfechten. Diese Anfechtung schlägt aber aufgrund des Abstraktionsprinzips nicht auf das Verfügungsgeschäft (= die Übereignung des Buches = den dinglichen Vertrag) durch.

[Anmerkung: Es gibt nur drei Ausnahmen, wann ausnahmsweise eine Fehler des Verpflichtungsgeschäfts, zum Beispiel des Kaufvertrages, auf das Verfügungsgeschäft, also die Übereignung, durchschlägt:

(1) Bei Fehleridentität: Hier betrifft der Fehler sowohl das Verpflichtungs- und das Verfügungsgeschäft.

(2) Bei Geschäftseinheit von Verpflichtungs- und Verfügungsgeschäft nach § 139: Es sind beide Geschäfte ausdrücklich zusammengefasst.

(3) Bei Bedingungszusammenhang nach §§ 158 ff. Dann wird das Verfügungsgeschäft unter der auflösenden Bedingung abgeschlossen, dass das Verpflichtungsgeschäft wirksam ist. Dies muss ausdrücklich vereinbart sein.
Alle drei Fälle sind selten und liegen hier nicht vor.]

c) Eine Berechtigung des V zur Übereignung des Buches lag vor. Das Eigentumsrecht an dem Buch ist folglich von V an K nach § 929 S. 1 übergegangen.

2. Damit ist V nicht mehr Eigentümer des Buches.

Ergebnis: V hat gegen K keinen Anspruch auf Herausgabe des Buches aus § 985.

II. Anspruch des V gegen K auf Herausgabe des Buches nach § 812 I 1 Var. 1

V könnte gegen K einen Anspruch auf Herausgabe des Buches aus § 812 I 1 Var. 1 haben. Dazu müsste K etwas durch Leistung des V ohne Rechtsgrund erlangt haben.

1. Zunächst müsste K **etwas erlangt** haben. „Etwas" in diesem Sinne ist jeder Vermögensvorteil. K hat das Eigentum an dem Buch, mithin einen Vermögensvorteil, erlangt.

2. Es müsste eine **Leistung** im Sinne von § 812 I 1 Var. 1 vorliegen. Unter Leistung versteht man die bewusste und zweckgerichtete Mehrung fremden Vermögens. Hier wollte V mit der Übereignung des Buches seiner Verpflichtung aus dem Kaufvertrag gemäß § 433 I 1 nachkommen. Damit wurde das Vermögen des K gemehrt. Folglich liegt eine Leistung vor.

3. Diese Leistung müsste **ohne Rechtsgrund** geschehen sein. Ursprünglich lag mit dem Kaufvertrag zwischen K und V ein Rechtsgrund vor. Durch die Anfechtung ist dieser Kaufvertrag aber nach § 142 I ex tunc entfallen.

[Anmerkung: Es wäre falsch, die Voraussetzungen der Anfechtung hier zu prüfen, da im Sachverhalt eindeutig geklärt ist, dass die Anfechtung erfolgreich war.]

Somit ist auch ein Rechtsgrund nicht mehr vorhanden.

Ergebnis: V hat gegen K einen Anspruch auf Herausgabe des Buches aus § 812 I 1 Var. 1.

Sachverhalt

K verkauft eine Teekanne, die er sich von E geliehen hatte, an V. Anschließend muss er kurzfristig zum Flughafen und unterzeichnet in aller Eile verschiedene Dokumente, die seine Sekretärin in die Unterschriftenmappe eingelegt hatte. Ein sich darunter befindender Kaufvertrag war aber noch nicht unterschriftsreif. Die Sekretärin sendet Vertragspartner B das Schriftstück zu. (Später ficht K wegen Irrtums an. Er habe keine Kenntnis vom Inhalt des Vertrages gehabt.) Um 20.30 Uhr, 30 min nach Beginn der gesetzlichen Ladenschlusspflicht, erwirbt K im Kaufhaus noch einen Küchenmixer. Anschließend muss K seine Bürgerpflichten erfüllen. Auf einer CDU-Versammlung geht eine Liste herum, auf der sich Interessenten für das „Angela-Merkel-beste-Kanzlerin!"-Shirt eintragen können. K hatte nicht aufgepasst und sich in die Liste in dem Glauben eingetragen, es handele sich um eine Anwesenheitsliste. Als er für das Shirt eine Rechnung erhält, fragt er, ob er zahlen muss.
Sind die von K geschlossenen Kaufverträge wirksam?

Zusatzfrage:
Wie kann die Auslegungsregel des § 139 umgangen werden, nach der im Falle der Teilnichtigkeit im Zweifel auf die Gesamtnichtigkeit des Rechtsgeschäfts zu schließen ist?

Lösung

I. Teekanne:

Der zwischen V und K zustande gekommene Kaufvertrag gemäß § 433 könnte nach § 134 nichtig sein. Mit Abschluss des Kaufvertrages könnte K eine veruntreuende Unterschlagung nach § 246 I StGB begangen haben. Nach § 246 I StGB macht sich strafbar, wer sich eine fremde Sache zueignet. Die Teekanne ist fremd. Er müsste sich die Sache zugeeignet haben. Durch den Abschluss des Kaufvertrages bringt er zum Ausdruck, dass er sich wie ein Eigentümer gerieren will. Folglich hat er sich die Teekanne zugeeignet. Außerdem war ihm die Sache anvertraut, § 246 II StGB. Die Zueignung geschah auch vorsätzlich, rechtswidrig und schuldhaft. K hat eine veruntreuende Unterschlagung begangen. Aus dem Grundsatz der Einheit der Rechtsordnung ergibt sich, dass jeder Vertrag nichtig ist, durch den sich einer der Vertragspartner zu einer Straftat verpflichtet. Im Gegensatz zu III. (Ladenschluss) wendet sich das Verbotsgesetz des § 246 StGB gerade gegen den Inhalt der Vereinbarung, so dass der zwischen K und V geschlossene Vertrag nach § 134 nichtig und damit unwirksam ist.

II. Unterschriftenmappe:

Der zwischen B und K zustande gekommene Kaufvertrag gemäß § 433 könnte aufgrund der Anfechtung nach § 142 I unwirksam sein. Fraglich ist hier aber der Anfechtungsgrund. Voraussetzung für einen Irrtum nach §§ 119 ff. ist stets, dass überhaupt ein Irrtum, also die unrichtige Vorstellung von einem Sachverhalt, vorliegt. Kein Irrtum ist gegeben, wenn sich der Erklärende überhaupt keine Vorstellungen darüber macht, was er erklärt. Hier macht sich K zwar die Vorstellung, dass seine Unterschrift eine rechtserhebliche Erklärung betrifft. Allerdings hat er über den Inhalt der einzelnen unterzeichneten Erklärungen in der Unterschriftenmappe keine konkreten Vorstellungen. In diesem Fall fehlt es an einem Irrtum. Wer eine ihm vorgelegte Urkunde ungelesen unterschreibt, ohne von ihrem Inhalt bestimmte unrichtige Vorstellungen zu haben, ist nicht zur Irrtumsanfechtung berechtigt. Der Vertrag ist folglich wirksam.

III. Ladenschluss:

Der zwischen K und dem Kaufhaus zustande gekommene Kaufvertrag gemäß § 433 könnte nach § 134 nichtig sein. Es liegt ein Verkauf außerhalb der regulären Ladenöffnungszeiten vor. Damit ist ein Verstoß gegen das Ladenschlussgesetz gegeben. Allerdings führt nicht jeder Verstoß gegen ein Verbotsgesetz zur Nichtigkeit nach § 134. Wendet sich ein derartiges Verbot nicht gegen den Inhalt des Geschäfts, sondern nur gegen die Art und Weise des Geschäftsabschlusses, handelt es sich um eine reine Ordnungsvorschrift, die den Leistungsaustausch als solchen nicht verhindern soll. Der Schutzzweck des Ladenschlussgesetzes dient dazu, die angestellten Verkäufer durch feste Arbeitszeiten zu entlasten, soll aber den Verkauf nicht per se verhindern. Der Vertrag ist folglich wirksam.

IV. Angela Merkel:

Ob zwischen K und dem Anbieter der Shirts ein Kaufvertrag gemäß § 433 zustande gekommen ist und K nach § 433 II zahlen muss, hängt davon ab, ob er eine wirksame Willenserklärung abgegeben hat. Der (objektive) Tatbestand einer Willenserklärung ist erfüllt. Fraglich ist, ob auch der subjektive Tatbestand gegeben ist. K hatte, während er unterschrieb, den erforderlichen Handlungswillen. Er glaubte aber, es handele sich nicht um eine Unterschrift im Rechtsverkehr, sondern um eine Unterschrift zu rein protokollarischen Zwecken. Es fehlte K folglich das Erklärungsbewusstsein. Es ist strittig, ob in diesem Fall eine gültige Willenserklärung vorliegt.

1. Nach einer Ansicht ist eine ohne Erklärungsbewusstsein abgegebene Willenserklärung unwirksam. Es fehle an der notwendigen Selbstbestimmung (**Privatautonomie**). Daher sei die Zurechnung der Erklärung nicht gerechtfertigt. Nach dieser Ansicht müsste K nicht zahlen.

2. Nach herrschender Ansicht ist eine gültige Willenserklärung jedoch dann gegeben, wenn der Erklärende **mit der Deutung seines Verhaltens als Willenserklärung rechnen musste** und der **Empfänger sie auch tatsächlich so aufgefasst hat**. Der Erklärende hatte die Möglichkeit der Selbstbestimmung, weswegen das Prinzip der Selbstbestimmung gewährleistet sei. Nach dieser Ansicht müsste K zahlen.

3. Für die zweite Ansicht spricht die Sicherheit im Rechtsverkehr. Wer nicht aufpasst, obwohl es ihm möglich wäre, muss dafür selbst haften. Zudem gibt es für ihn die Möglichkeit der Anfechtung nach § 119 I Var. 2 analog. Eine direkte Anwendung des § 119 I Var. 2 kommt nicht in Betracht, da er nicht über den Inhalt seiner Erklärung irrte, sondern gar keine Willenserklärung abgeben wollte.

K kann seiner Zahlungspflicht also nur durch eine entsprechende Anfechtung entgehen.

Zusatzfrage:
Die Parteien sollten bei Vertragsschluss bereits an eine mögliche Nichtigkeit des Vertrages denken und für diesen Fall eine „Salvatorische Klausel" einfügen: „Sollte ein Teil des Vertrages nichtig sein, soll davon die Gültigkeit der anderen Vertragsbestandteile nicht berührt werden", vgl. auch § 306.

Prüfungsfragen zum BGB AT

In zahlreichen Universitäten werden zusätzlich zu einem Übungsfall in der Klausur auch Fragen zum BGB AT gestellt.
Wir danken unseren Lesern aus Bochum, Berlin, Freiburg, München und Würzburg, die uns Fragen aus ihren Klausuren an **autoren@rauda-zenthoefer.de** geschickt haben. Für weitere Rückmeldungen sind wir sehr dankbar!

Frage 1
Was besagt das Abstraktionsprinzip?
Antwort 1
Die Wirksamkeit von Verpflichtungsgeschäft und Verfügungsgeschäft ist unabhängig voneinander zu untersuchen. Ein Verpflichtungsgeschäft ist ein Rechtsgeschäft, durch das eine Verpflichtung zur Leistung geschaffen wird. Ein Verfügungsgeschäft ist ein Rechtsgeschäft, durch das ein Recht unmittelbar übertragen, geändert, belastet oder aufgehoben wird.

Frage 2
Was ist der Unterschied zwischen „Sachverhalt" und „Tatbestand"?
Antwort 2
Der Tatbestand ist eine im BGB definierte Situation, die eine bestimmte Rechtsfolge nach sich zieht. Dagegen ist ein Sachverhalt eine konkrete Sachlage, die sich aus einem Fall ergibt.

Frage 3
Wie alt muss ein Bote mindestens sein?
Antwort 3
Für Boten besteht kein Mindestalter, da sie – anders als Vertreter – keine eigene Willenserklärung abgeben. Es gilt: „Ist das Kindchen noch so klein, kann es doch schon Bote sein." Der Bote muss aber geeignet für seine Aufgabe sein.

Frage 4
Wann ist ein von einem Minderjährigen geschlossenes Rechtsgeschäft lediglich rechtlich vorteilhaft ist?
Antwort 4
Wenn der Minderjährige durch das Geschäft rechtlich nicht belastet wird, also keine Verpflichtungen eingeht und keine Rechte verliert.

Frage 5

Der 16jährige A kauft und bezahlt von seinem Taschengeld ein Lotterielos. Er gewinnt damit 500 Euro und investiert davon 150 Euro in das Computerspiel „Battleships Forever“. Sind die beiden Kaufverträge wirksam?

Antwort 5

Der Kaufvertrag über das Lotterielos ist wegen § 110 wirksam. Taschengelder sind Mittel, die von den Eltern generell zur freien Verfügung überlassen werden. A hat das Los gleich bezahlt und damit seine Verpflichtung aus dem Vertrag nach § 362 bewirkt. Das bezieht sich aber nicht auf den damit erzielten Gewinn, dieser wurde ihm nicht zur freien Verfügung überlassen. Die Verfügung über das so gewonnene Geld bedarf erneut der Zustimmung der Eltern. Der Kaufvertrag über das Computerspiel ist schwebend unwirksam.

Frage 6

Was unterscheidet *invitatio ad offerendum* von *offerta ad incertas personas*?

Antwort 6

Eine *invitatio ad offerendum* ist eine Aufforderung zur Abgabe eines Angebots. Sie ist selbst kein Angebot. Dagegen handelt es sich bei der *offerta ad incertas personas* um ein Angebot an eine Vielzahl von Personen.

Frage 7

Definieren Sie „Rechtsfähigkeit“, „Geschäftsfähigkeit“ und „Deliktsfähigkeit“!

Antwort 7

Rechtsfähigkeit bedeutet die Fähigkeit, Träger von Rechten und Pflichten zu sein. Alle natürlichen Personen sind rechtsfähig. Die Rechtsfähigkeit beginnt mit Vollendung der Geburt (§ 1) und endet mit dem Tod. Auch bestimmten organisierten Zusammenschlüssen (z.B. Vereinen, aber auch AG, GmbH usw.) wird die Rechtsfähigkeit zuerkannt, sogenannte „ juristische Personen“.

Geschäftsfähigkeit bedeutet, dass eine Person in der Lage ist, durch die Abgabe von Willenserklärungen Rechte und Pflichten zu begründen. Geschäftsfähige Personen können ihre Rechtsverhältnisse durch Abgabe von Willenserklärungen eigenverantwortlich gestalten. Das Gesetz vermutet die Geschäftsfähigkeit und regelt daher in den §§ 104 ff. nur die Ausnahmefälle der Geschäftsunfähigkeit oder der beschränkten Geschäftsfähigkeit.

Deliktsfähigkeit liegt vor, wenn eine Person für von ihr ausgeübte unerlaubte Handlungen (§§ 823 ff.) haftet und nicht nach §§ 827, 828 die zivilrechtliche Verantwortlichkeit ausgeschlossen ist.

Frage 8

Was ist eine konkludente Willenserklärung? Wann ist eine schriftliche Erklärung unter Abwesenden abgegeben und wann ist sie zugegangen?

Antwort 8

Teilfrage 1: Bei der konkludenten Willenserklärung ergibt sich der Geschäftswille des Handelnden aus seinem Verhalten. Teilfrage 2: Einem Abwesenden gegenüber ist eine schriftliche Erklärung abgegeben, wenn der Erklärende das Schriftstück in Richtung auf den Empfänger auf den Weg gebracht hat, so dass normalerweise mit dem Zugang beim Erklärungsempfänger gerechnet werden kann. Die Erklärung ist einem Abwesenden zugegangen, wenn sie so in den Machtbereich des Empfängers gelangt ist, dass dieser unter normalen Umständen Kenntnis nehmen kann.

Frage 9

Unternehmer R schreibt an die Buchhandlung Mauke in Hamburg: „Biete Ihnen freibleibend unter Vorbehalt der Lieferungsmöglichkeit 500 Richterskripte zum Staatsrecht I für je 6,80 Euro." Die Buchhändlerin nimmt das Angebot sofort an. R will aber nicht liefern, weil er von einem Lieferanten für Papier im Stich gelassen worden ist. Besteht ein Anspruch der empörten Buchhändlerin?

Antwort 9

Nein. Es fehlte an einem Angebot des R nach § 145. R hat seiner Information die sogenannte Selbstbelieferungsklausel beigefügt. Sie besagt, dass der Antragende seine Gebundenheit ausschließen will für den Fall, dass er selbst von seinem Lieferanten nicht (oder nicht rechtzeitig) beliefert wird. R nutzt diese Klausel, um sich vor Schadensersatzansprüchen der Buchhandlung zu schützen.

Frage 10

Was ist der Unterschied zwischen Zustimmung, Einwilligung und Genehmigung?

Antwort 10

Zustimmung ist der Oberbegriff von Einwilligung und Genehmigung, § 182. Die Einwilligung ist die *vorherige* Zustimmung (§ 183 S. 1), bei der Genehmigung handelt es sich um die *nachträgliche* Zustimmung (§ 184 I).

<u>Frage 11</u>

Welchen Sinn und Zweck haben die gesetzlichen Formvorschriften? Welche Konsequenzen hat der Verstoß gegen die Formvorschrift?

Antwort 11

Gesetzliche Formvorschriften haben verschiedene Funktionen:
(1) Beweisfunktion, (2) Warnfunktion und (3) Beratungsfunktion. Alle diese Funktionen sind z.B. in § 311 b I 1 erfüllt, andere Formvorschriften dienen hingegen nur einzelnen Zwecken. Die Regelungen im AT, §§ 126 bis 129, legen keine Form fest, sondern beschreiben nur die möglichen Formen. Beispiele für Formvorschriften: § 311 b (Verträge über Grundstücke etc.), § 518 I (Schenkungsversprechen), § 766 S. 1 (Bürgschaftserklärung), § 2231 (ordentliches Testament). Konsequenz des Verstoßes gegen ein gesetzliches Formerfordernis ist gemäß § 125 S. 1 die Nichtigkeit des formfehlerhaften Rechtsgeschäfts, es sei denn, die Form wurde geheilt (z.B. nach §§ 311 b I S. 2, 518 II, 766 S. 3).

<u>Frage 12</u>

X bietet Y am Telefon an, Geschäftsräume mietweise abzugeben. Dabei erklärt X, er binde sich drei Tage an sein Angebot und werde es dem Y auch noch am gleichen Tag in einem Brief bestätigen. Dann kommt X aber doch nicht mehr dazu und sendet Y den Brief erst am nächsten Tag, der Y am folgenden Tag zugeht. Y nimmt das Angebot nach vier Tagen an und beruft sich gegenüber dem Einwand der Verspätung darauf, dass es auf das schriftliche Angebot ankomme. Zu Recht?

Antwort 12

Es handelt sich bei dem Telefonat und dem Angebot des X um eine unter Anwesenden abgegebene Willenserklärung. Hier ist es für deren Wirksamwerden erforderlich, dass der Empfänger, hier also Y, in der Lage war, sie zu vernehmen. Das ist regelmäßig nur ausgeschlossen, wenn dem Empfänger die notwendigen Sprachkenntnisse fehlen oder er taub war. Das scheidet hier aber aus. Deshalb ist Y die Erklärung des X bereits mit dem Telefonanruf zugegangen. Damit ist die Frist in Gang gesetzt worden. Die schriftliche Bestätigung trägt demgegenüber nicht den Charakter einer Willenserklärung, sondern dient lediglich als Gedächtnis- und Beweisprotokoll.

Frage 13

Bei welchen Rechtsgeschäften ist eine Stellvertretung ausgeschlossen und warum? Nennen Sie außerdem Beispiele für bedingungsfeindliche Rechtsgeschäfte!

Antwort 13

Bei der Eheschließung und bei der Testamentserrichtung ist eine Stellvertretung ausgeschlossen. Denn hierbei handelt es sich um höchstpersönliche Rechtsgeschäfte. Wegen ihrer besonderen Wichtigkeit für den Betroffenen und um mögliche Zweifel über das Vorliegen der Vertretungsmacht usw. zu vermeiden, sind sie zu stellvertretungsfeindlichen Rechtsakten ausgestaltet worden. – Bedingungsfeindlich sind Rechtsgeschäfte, weil sie Dritten gegenüber Wirkungen entfalten und deshalb Klarheit darüber bestehen muss, ob sie gelten oder nicht. Darunter fallen die Eheschließung, die Grundstücksauflassung und die Kündigung einer Wohnung. In diesen Fällen müssen die Beteiligten und Betroffenen genau wissen, wie die Rechtslage ist. Diese darf nicht von einem „zukünftigen, ungewissen Ereignis" (= Bedingung) abhängig sein, weil man sich dann in seinem Verhalten nicht danach richten kann. Dagegen darf man in ein Testament Bedingungen aufnehmen.

Frage 14

Welche Bedeutung hat § 31 und wie ist sein Verhältnis zu §§ 278 und 831?

Antwort 14

§ 31 umfasst die Haftung des Vereins für seine Organe in dem Sinne, dass dem Verein das Handeln seiner Vertreter als eigenes Handeln zugerechnet wird. Er ist damit Ausdruck der Organtheorie. § 31 ist keine haftungsbegründende, sondern eine haftungszuweisende Norm, d.h. sie setzt voraus, dass der verfassungsgemäße Vertreter eine zum Schadenersatz verpflichtende Handlung begangen hat, gleichgültig worauf die Ersatzpflicht im Einzelnen beruht.

Dagegen regelt § 278 die Haftung für Verschulden des gesetzlichen Vertreters und des Erfüllungsgehilfen. Erfüllungsgehilfe ist, wer nach den tatsächlichen Gegebenheiten des Falles mit dem Willen des Schuldners bei der Erfüllung einer diesem obliegenden Verbindlichkeit als Hilfsperson tätig wird. Bei § 278 handelt es sich ebenfalls um eine haftungszurechnende Norm. Der Geschäftsherr haftet für fremdes Verschulden ohne Rücksicht auf sein eigenes Verhalten.

§ 831 betrifft die Haftung für den Verrichtungsgehilfen. Zu einer Verrichtung bestellt ist, wem von einem anderen, in dessen Einflussbereich er allgemein oder im konkreten Fall und zu dem er in einer gewissen Abhängigkeit steht, eine Tätigkeit übertragen worden ist. So kann z.B. ein Rechtsanwalt als Verrichtungsgehilfe seines Mandanten zu betrachten sein. Im Gegensatz zu § 31 und § 278 stellt § 831 eine Anspruchsgrundlage dar.

Frage 15

Wann ist eine Drohung widerrechtlich?

Antwort 15

Wenn entweder das angedrohte Mittel rechtswidrig ist oder wenn der erstrebte Erfolg rechtswidrig ist oder wenn Mittel und Zweck zwar rechtmäßig sind, der Einsatz des Mittels zu dem geplanten Zweck aber verwerflich ist.

Frage 16

Was ist eine verkehrswesentliche Eigenschaft?

Antwort 16

Eigenschaften sind alle tatsächlichen oder rechtlichen Merkmale einer Person oder Sache, die auf ihre Wertschätzung von Einfluss sind, also alle wertbildenden Faktoren und Verhältnisse. Eine Eigenschaft ist verkehrswesentlich, wenn sie bei Abstellen auf den typischen wirtschaftlichen Zweck des Geschäfts objektiv erheblich ist.

Frage 17

Student S will von V einen Schrank kaufen. Da er den Kaufpreis nicht sofort bezahlen kann, zieht V zwei Schubläden für die Schuhe heraus mit der Bemerkung, S könne den Schrank haben, an diesen beiden Schubläden behalte er sich das Eigentum jedoch vor. Soll S sich darauf einlassen?

Antwort 17

S kann sich darauf einlassen. Mit der Übereignung des Schrankes nach § 929 Satz 1 geht automatisch auch das Eigentum an den Schubläden mit auf S über. Ein Eigentumsvorbehalt hat keine Wirkung, da es sich bei den Schubladen um wesentliche Bestandteile handelt, die nicht Gegenstand besonderer Rechte sein können, an denen also auch ein Sondereigentum ausgeschlossen ist (§ 93). Ein entgegenstehender Wille der Parteien ist unbeachtlich.

Frage 18

Im Schuldrecht, dem 2. Buch des BGB, sind zahlreiche Schuldverträge ausführlich geregelt. Wieso hat der Gesetzgeber dies angesichts der Vertragsfreiheit getan?

Antwort 18

Bei alltäglichen Geschäften begnügt man sich als Vertragspartner oft damit, die jeweiligen Hauptpflichten des angestrebten Schuldverhältnisses festzulegen. Beim Kauf sind das zum Beispiel Kaufgegenstand und Preis, bei der Miete Mietobjekt und Miete. Das Schuldrecht als Teil des BGB hilft (hinsichtlich der Nebenpflichten) dann weiter, wenn Komplikationen eintreten. Beispiel: Der als unfallfrei verkaufte Wagen entpuppt sich als Unfallwagen, die gemietete Wohnung hat undichte Fenster.

Frage 19

Einbrecher E will gerade die menschenleere Villa des Q ausräumen, als ihn der Kampfhund „Flick“ angreift. E weiß sich nicht anders zu helfen, als „Flick“ zu erschießen. Kann Q von E Schadensersatz dafür verlangen?

Antwort 19

Ein Anspruch des Q gegen E könnte sich aus § 823 I ergeben. Im Erschießen des Hundes liegt eine Verletzung des Eigentums (vgl. § 90a). E könnte jedoch gerechtfertigt gewesen sein. In Betracht kommt der Notstand in § 228. Danach handelt nicht widerrechtlich, wer eine fremde Sache zerstört, um eine durch sie drohende Gefahr von sich abzuwenden, wenn die Zerstörung zur Abwehr der Gefahr erforderlich ist und der Schaden nicht außer Verhältnis zu der Gefahr ist. Von „Flick“ ging eine Gefahr für Leib und Leben des E aus. Die Erschießung zwar zur Abwendung der Gefahr auch erforderlich. Es stand auch kein anderes milderes Mittel zur Verfügung. Zuletzt stand der zu erwartende Schaden (Wert des Hundes) auch nicht außer Verhältnis zur Gefahr für Leib und Leben. Damit handelte E nicht rechtswidrig. § 823 I scheidet aus. Da er jedoch gemäß § 228 S. 2 die Gefahr selbst verschuldet hat, haftet er auf Schadensersatz. Deshalb hat Q einen Anspruch auf Schadensersatz aus § 228 S. 2.

Frage 20

Der etwas schusselige Jurastudent J hat sein Handy zu Hause vergessen, und auch vergessen, seinen Gasherd abzustellen. Im Repetitorium bittet er den geldgierigen Hummer (H), ihm das Handy zu leihen, damit er seinen Nachbarn anrufen und diesen bitten kann, den Gasherd auszustellen. H will auch an dieser Sache verdienen und verlangt für das Telefonat eine Entschädigung von 50 Euro. J willigt notgedrungen ein. Kann H die 50 Euro von J verlangen?

Antwort 20

Damit H die 50 Euro von J verlangen kann, muss ein Vertrag vorliegen. In Betracht kommt ein Mietvertrag nach § 535. Allerdings könnte die Vereinbarung unwirksam sein. Es könnte eine Nichtigkeit nach § 138 II vorliegen. Dazu bedarf es zunächst eines objektiv auffälligen Missverhältnisses zwischen Leistung und Gegenleistung. Der Wert des Telefongesprächs dürfte maximal 1 Euro betragen. Die Gegenleistung besteht in der Zahlung von 50 Euro an H. Damit liegt objektiv ein krasses Missverhältnis der beiden geschuldeten Leistungen vor. Weiterhin bedarf es der subjektiven Voraussetzung, wonach H den J in einer Zwangslage bewusst zum eigenen Vorteil ausbeutet. Hier will H auch an dieser Sache verdienen. Damit liegt eine Ausbeutung, und damit die subjektive Voraussetzung des § 138 II vor. H kann die 50 Euro nicht von J verlangen.

Frage 21

Großvater G, ein alter Liberaler aus Potsdam, verspricht seinem braven Neffen N anlässlich eines Ausflugs, ihm seine Münzsammlung zu schenken, was er ein paar Tage später auch tut. Als N sich kurze Zeit später abfällig über die FDP äußert, möchte er die Sammlung zurück. Er verweist darauf, dass beide nicht beim Notar waren. Geht das?

Antwort 21

Nein. Zwar war das auf dem Ausflug gegebene Versprechen wegen Nichteinhaltung der Form unwirksam und verpflichtete G zu nichts (§§ 125 S. 1, 518 I 1). Auch kann das ohne eine wirksam Leistungsverpflichtung Geleistete (hier also die Übereignung der Sammlung) grundsätzlich aus ungerechtfertigter Bereicherung nach §§ 812 ff. wieder herausverlangt werden. Aber hier wurde durch die Übereignung der Sammlung das Schenkungsversprechen erfüllt und damit der Formmangel geheilt (§ 518 II), so dass in Gestalt der wirksam gewordenen Schenkung mit Rechtsgrund geleistet wurde (§§ 812, 818 II). Ein Anspruch des G besteht nicht.

Definitionen zum BGB AT

Analogie	Die Übertragung einer für einen einzelnen oder mehrere Tatbestände im Gesetz vorgesehenen Rechtsfolge auf einen im Gesetz nicht geregelten Fall, bei dem Interessengleichheit besteht.
Anfechtung	Die nachträgliche und rückwirkende Vernichtung eines Rechtsgeschäfts durch rechtsgestaltende Erklärung auf Grund von Willensmängeln bei der Abgabe der Erklärung.
Anscheins-vollmacht	Vertretungsmacht aufgrund des unbewusst fahrlässigen Dulden des Vertretenen hinsichtlich des Auftretens einer Person als sein Vertreter.
Anspruch	Das Recht, von einem anderen eine Handlung, also ein Tun oder ein Unterlassen zu verlangen, § 194.
Arglist	Eine Täuschung im Bewusstsein, dass der andere Teil durch die Täuschung zur Abgabe der Willenerklärung bestimmt wird.
Auflassung	Die dingliche Einigung bei einer Grundstücksübereignung, die einer besonderen Form bedarf, § 925 I 1.
Auslegung	Die Erfassung der rechtlichen Bedeutung eines Textes, z.B. eines Gesetzes (dann Gesetzesauslegung) oder eines Rechtsgeschäfts (dann z.B. Vertragsauslegung).
Bedingung	Die einem Rechtsgeschäft hinzugefügte Bestimmung, dass die Rechtswirkungen des Geschäfts von einem zukünftigen ungewissen Ereignis abhängig sein sollen, § 158 ff.
Besitz	Die tatsächliche Herrschaft einer Person über eine Sache, getragen von einem natürlichen Besitzwillen, vgl. § 854 I.
Bote	Eine Person, die eine von einem anderen inhaltlich bereits vollständig formulierte Erklärung an den Erklärungsempfänger lediglich weitergibt, und zwar, indem sie sie (1) in dessen Bereich hineinträgt (Erklärungsbote) oder (2) indem ein anderer sie im Bereich des Empfängers in Empfang nimmt (Empfangsbote).
Dissens	Ein Einigungsmangel, weil sich zwei auf den Vertragsschluss gerichtete Erklärungen (Angebot und Annahme) nicht entsprechen, §§ 154ff.
Drohung	Das Inaussichtstellen eines empfindlichen Übels zu dem Zweck, den anderen zu einer Handlung zu veranlassen.

Duldungs-vollmacht	Vertretungsmacht, weil der Vertretene weiß und duldet, dass ein anderer für ihn als Vertreter auftritt, obwohl eine Vollmacht nicht vorliegt.
Eigentum	Das umfassende Herrschaftsrecht einer Person über eine Sache (vgl. § 903).
Einigung	(1) Ein abstrakter, das bedeutet, in seiner Wirksamkeit von dem Bestand des zugrunde liegenden schuldrechtlichen Vertragsverhältnisses unabhängiger, dinglicher Vertrag. (2) Andere Bezeichnung für „Vertrag".
Einrede	Das Gestaltungsrecht, durch dessen Erklärung die Geltendmachung eines Anspruchs verhindert wird, z.B. § 273, § 320, Verjährung. Es bedarf der Geltendmachung; anders als Einwendungen wird die Einrede vor Gericht nicht automatisch berücksichtigt.
Einwendung	Tatsachen, die ein Rechtsverhältnis in seinem Bestand betreffen, es also (1) gar nicht erst entstehen lassen (rechtshindernde Einwendungen, z.B. Geschäftsunfähigkeit, Sittenverstoß) oder (2) wieder vernichten (rechtsvernichtende Einwendungen, z.B. Anfechtung, Erfüllung).
Einwilligung	Die vorherige Zustimmung, § 183.
Erfüllung	Das Bewirken der geschuldeten Leistung durch (in der Regel) den Schuldner an den Gläubiger, § 362 I. Dadurch erlischt das Schuldverhältnis. (In der Realität häufigster Fall des Erlöschens eines Schuldverhältnisses!)
Erfüllungs-gehilfe	Eine Person, die mit Wissen und Wollen des Schuldners in seinem Pflichtenbereich tätig wird.
ex nunc	Wirkung einer Erklärung von nun an, also vom Augenblick des Zugangs. Beispiel: Kündigung.
ex tunc	Rückwirkung einer Erklärung von Anfang an. Beispiel: Anfechtung.
Fahrlässigkeit	Das Außerachtlassen der im Verkehr erforderlichen Sorgfalt, § 276 II.
Falsa demonstratio	Falschbezeichnung eines Gegenstandes durch die Parteien, die unter Umständen unbeachtlich sein kann.
Genehmigung	Nachträgliche Zustimmung, § 184.
Geschäfts-unfähigkeit	Die Unfähigkeit, mit rechtlicher Wirkung durch eigene Handlungen Rechtsgeschäfte vorzunehmen, § 104.

Handlung	Ein vom Willen getragenes menschliches Verhalten, das deshalb der Person in den rechtlichen Folgen zugerechnet werden kann (Gegensatz: Reflex).
Invitatio ad offerendum	Die Aufforderung an den anderen Teil, seinerseits ein verbindliches Angebot abzugeben.
Irrtum	Das unbewusste Auseinanderfallen der Vorstellung des Erklärenden einerseits und der Wirklichkeit andererseits..
Kennenmüssen	Unkenntnis in Folge von Fahrlässigkeit, § 122.
Leibesfrucht	Das Kind im Mutterleib von der Zeugung bis zur Vollendung der Geburt, vgl. § 1. Auch „Nasciturus" genannt.
Leistung	Der Gegenstand einer Schuldverpflichtung, der auf ein Tun oder ein Unterlassen gerichtet ist, § 241.
Motivirrtum	Irrtum, der dem Erklärenden nicht bei der Artikulation seines Willens, sondern bei der Willensbildung unterläuft.
Notwehr	Diejenige Verteidigung, die erforderlich ist, um einen gegenwärtigen rechtswidrigen Angriff von sich oder einem anderen (dann: Nothilfe) abzuwehren, § 227.
Obliegenheit	Pflichten gegenüber sich selbst in der Art, dass sie bei Verletzung für den Gegner weder einen Erfüllungsanspruch noch einen Schadensersatzanspruch begründen, sondern deren Verletzung nur zur Folge hat, dass der Belastete einen Rechtsverlust oder rechtliche Nachteile selbst erleidet.
Pacta sunt servanda	Verträge sind einzuhalten (Grundsatz seit *Hugo Grotius*).
Rechtsfähigkeit	Die Fähigkeit einer Person, Träger von Rechten und Pflichten zu sein, §§ 1, 21, 22.
Rechtsgeschäft	Eine oder mehrere Willenserklärungen, die für sich allein oder mit anderen Tatbestandsmerkmalen (wie Übergabe bei Eigentumsübertragung) eine Rechtsfolge herbeiführen, weil diese gewollt und von der Rechtsordnung gebilligt wird.
Schenkung	Ein Vertrag, durch eine Person einer anderen Person etwas aus ihrem Vermögen unentgeltlich zuwendet, § 516.
Schuld-verhältnis	Eine Rechtsbeziehung zwischen mindestens zwei Personen, kraft deren die eine (der Gläubiger) von der anderen (dem Schuldner) eine Leistung zu fordern berechtigt ist, § 241.

Schweigen	Das Unterlassen einer Willenserklärung, das nur ausnahmsweise als Erklärung gewertet werden kann. In der Regel bedeutet Schweigen Ablehnung.
Sittenwidrigkeit	Ein Verstoß gegen das Anstandsgefühl aller billig und gerecht Denkenden.
Täuschung	Die Erregung eines Irrtums bei einer Person durch ausdrückliches oder schlüssiges Vorspiegeln falscher Tatsachen.
Übergabe	Die Verschaffung des unmittelbaren Besitzes (§ 854 I) in der Regel durch den Veräußerer selbst in der Regel an den Erwerber.
Unterlassen	Nichtvornahme einer Handlung, zu deren Vornahme eine Rechtspflicht besteht.
Unverzüglich	Ohne schuldhaftes Zögern, § 121.
Verfügung	Ein Rechtsgeschäft, durch das der Rechtszustand an einem Rechtsgegenstand unmittelbar geändert wird, nämlich durch Aufhebung, Übertragung, Belastung oder Inhaltsänderung.
Vertrag	Ein zwei- oder mehrseitiges Rechtsgeschäft, das durch einander entsprechende Willenserklärungen (Angebot und Annahme) oder durch Einigung zustande kommt.
Vollmacht	Eine durch Rechtsgeschäft erteilte Vertretungsmacht, § 166 II.
Willens-erklärung	Eine vom Handlungswillen und vom Erklärungsbewusstsein getragene, sich in einem äußeren Verhalten kundtuende Handlung, die auf die Setzung einer Rechtsfolge gerichtet ist.
Zugang	Der Eintritt einer Willenserklärung in den Macht- und Empfangsbereich des Empfängers in der Weise, dass dieser unter gewöhnlichen Umständen in der Lage ist, von der Erklärung Kenntnis zu nehmen (z.B. Einwurf in den Briefkasten), so dass es auf die tatsächliche Kenntnisnahme nicht ankommt (z.B. Lesen des Briefes).